5

Caroline Clifton-Mogg

Mit Liebe zum Detail

Charmante Dekorationsideen

Aus dem Englischen von Eva Plorin

GERSTENBERG

GESTALTUNG Toni Kay

LEKTORAT Clare Double

BILDRECHERCHE Emily Westlake

HERSTELLUNG Patricia Harrington

ART-DIRECTOR Leslie Harrington

VERLEGERISCHE LEITUNG Alison Starling

Die Originalausgabe erschien 2009
unter dem Titel »All in the detail«
bei Ryland Peters & Small
20–21 Jockey's Fields
London WC1R 4BW
www.rylandpeters.com

Deutsche Ausgabe
2. Auflage 2010

Satz: bookwise, München
Printed in China

www.gerstenberg-verlag.de

ISBN 978-3-8369-2600-3

Inhalt

Einführung

»Der Teufel steckt im Detail«. Dieses Motto befolgte der Architekt Mies van der Rohe konsequent bei der Gestaltung von Räumen. Gerade Kleinigkeiten wie Lichtschalter und Türgriffe wählte er mit der größtmöglichen Sorgfalt aus. Mies van der Rohe würde daher auch dem Motto dieses Buches zustimmen, dass »Liebe zum Detail« bei der Einrichtung und Dekoration eines Hauses oder Raumes eine ganz entscheidende Rolle spielt. Im Grunde ist die Gestaltung von Räumen mit einem Designerkleid vergleichbar: Trägt man eine Strumpfhose mit Laufmasche dazu, ist die Seelenpein, die das schadhafte Accessoire auslöst, ungleich größer als die Freude an dem unvergesslichen Kleid. Als Leitfaden für die Raumgestaltung könnte man also festhalten: Alles lässt sich zu einem gelungenen Ganzen zusammenfügen, wenn man das Augenmerk auf die Details richtet.

Beim Einzug in ein neues Zuhause müssen zuerst einmal grundlegende Entscheidungen getroffen werden. Viel Zeit verwendet man dabei vernünftigerweise auf die Planung der Küche. Polstermöbel, Stühle und Tische werden ausgewählt, Matratzen getestet und Informationen über Badewannenmodelle eingeholt. All das ist wichtig, denn es handelt sich um kostenträchtige Abstimmungen, bei denen Fehler Ärger bereiten und Geld kosten. Sind dann endlich die Wände gestrichen, die Küche einsatzbereit und das Mobiliar am richtigen Platz, schleicht sich das vage Gefühl ein, dass noch irgendetwas fehlt. Tatsächlich fehlen die Details: Sie schaffen letztlich erst die wohnliche Atmosphäre.

DOMESTIC
BAZAAR

ARINE

An dieser Stelle sei erwähnt, dass das vorliegende Buch höchstens am Rande auf architektonische Details eingeht, obwohl diese natürlich für den Gesamteindruck einer Einrichtung wesentlich sind. Vielmehr stehen hier die dekorativen Details der Ausstattung im Blickfeld. Aber weit gefehlt, wer bei »dekorativen Details« etwa an Nippes oder überflüssigen Zierrat denkt.

Im Wörterbuch findet sich unter dem Begriff »Detail« die Definition »Einzelheit« – und eben das trifft auf die dekorativen Details zu: Es sind Einzelheiten, die einem Raum die besondere Note verleihen, scheinbar nebensächliche Extras einer Einrichtung, die in vieler Hinsicht von zentraler Bedeutung sind, wie Bilder, Bücher, Spiegel, Porzellan, Glas oder Textilien. Was in diesem Buch formell als »Detail« bezeichnet wird, ist nichts anderes als das, was wir salopp als »unsere Sachen« bezeichnen würden. Alltägliche Gegenstände, die wir gekauft, geerbt oder geliehen haben, oder die als Geschenk zu uns kamen.

Die Existenz der Dinge, die uns täglich umgeben und unser Leben begleiten, nehmen wir oft kaum bewusst wahr. Entscheidend ist jedoch, wie wir unsere persönlichen Dinge aufbewahren und wie wir mit ihnen umgehen – denn in gewisser Weise sind diese Gegenstände ein Teil unserer Persönlichkeit. Es macht schon einen großen Unterschied, ob man ein Haus betritt, vollgestopft mit Möbeln und Gegenständen, die überall nachlässig herumliegen, oder ein Haus, in dem die persönlichen Kleinigkeiten liebevoll arrangiert sind. Gerade diese dekorativen Details schaffen hier eine behagliche Atmosphäre und wecken den Wunsch danach, auch das eigene Zuhause mit »Liebe zum Detail« einzurichten.

Wie geht man bei der Raumdekoration nun konkret vor? Atmosphäre und Individualität erhalten Räume durch persönliche Gegenstände. Erst mit Bildern, Büchern, Fotografien, Keramikgefäßen und Kissen erwacht ein Haus oder eine Wohnung zum Leben und wird zu einem behaglichen Zuhause. Ohne diese dekorativen Details wirken Wohnräume wie nüchterne Ausstellungsflächen in einem Möbelhaus oder Musterwohnungen eines Neubaukomplexes.

Eines ist jedoch klar: Die persönlichen Dinge definieren nicht nur unser Zuhause, sondern sind immer auch Spiegel unserer eigenen Persönlichkeit, denn sie vermitteln Besuchern einen Eindruck vom Geschmack, heißt den Vorlieben und Abneigungen ihres Bewohners. Tatsächlich ist es nicht das dauerhafte Mobiliar eines Raumes wie die Einbauküche oder das neue Badezimmer, das einem Besucher zunächst ins Auge fällt, wenn er zum ersten Mal Ihre Wohnung betritt. Der Blick des Besuchers bleibt unmittelbar an den Bildern und Fotografien und ihrer Anordnung an der Wand hängen, registriert die dekorativen Objekte auf dem Bord, das Arrangement der Bücher in den Regalen und die Blumenvase mit frischen Tulpen auf dem Tisch. Das sind die Dinge, anhand derer man Sie – zumindest in gestalterischer Hinsicht – beurteilt. Allein dies mag schon Grund genug sein, die Gegenstände, die einem besonders am Herzen liegen, auch besonders vorteilhaft zu arrangieren.

Stellen Sie sich einfach vor, die Grundstruktur des Raumes ist ein Körper, den Sie – in Gestalt von dekorativen Details – in Ihrem ganz persönlichen Stil einkleiden dürfen. All die Mühe, die Sie im Vorfeld auf die architektonische Gestaltung der Räume verwandt haben, zahlt sich jetzt aus.

FIGUIER
FIGUIER

Im tiefsten Inneren sind wir alle Sammler – schließlich kann eine Sammlung bereits aus zwei Objekten bestehen – zwei Keramikgefäßen mit einer bestimmten Glasur, zwei historischen Fotografien, zwei alten Teedosen ... Doch erst eine gelungene Inszenierung erweckt die Gegenstände und den Raum, in dem sie präsentiert werden, zum Leben. Die Frage ist nur, wie man die Gegenstände zur Geltung bringt.

Dieses Buch zeigt Ihnen anhand von zahlreichen charmanten Dekorationsideen, wie Sie mit Details wirkungsvoll Akzente bei der Raumgestaltung setzen, Objekte mit größtmöglicher Wirkung anordnen und unterschiedliche Gegenstände gelungen miteinander kombinieren. Dazu gehören Gestaltungsprinzipien für die Inszenierung und Anordnung von Objekten, die Bedeutung von Größenverhältnissen und der effektvolle Einsatz von Materialien und Farbe.

In insgesamt sechs Kapiteln widmet sich das Buch der Raumgestaltung quasi en détail. Das erste Kapitel befasst sich mit der Anordnung und Hängung von Bildern und Spiegeln, die Besuchern stets als Erstes beim Betreten eines Raumes ins Auge fallen. Weitere Kapitel stellen die gelungene Anordnung von Textilien sowie von Blumen und Pflanzen dar – all jenen Accessoires, die einem Raum eine freundliche Atmosphäre verleihen. Porzellan und Glas werden ebenfalls in einem eigenen Kapitel behandelt. Es sind Materialien, aus denen schon seit Jahrtausenden dekorative Gegenstände geschaffen wurden. Schließlich werfen wir in einem letzten Kapitel einen Blick auf die geschickte Verteilung von Raumschmuck im weitesten Sinne sowie die wirkungsvolle Inszenierung von Sammlungen. In diesem Zusammenhang kommt nicht zuletzt auch das dekorative Potenzial von Tischflächen und Kaminsimsen zur Sprache – die oftmals vernachlässigten Stiefkinder eines Raumes.

BEACH
CAPSTAN

44
206
36
TEA

Bilder, Spiegel und anderer Wandschmuck

An Bilder und Fotografien denkt man als Erstes, wenn es um die persönliche Note eines Raumes geht. Allerdings ist eine gelungene Hängung – um einen Begriff aus der Kunstwelt zu benutzen – weitaus kniffliger, als es zunächst erscheinen mag.

Die Kunst, Bilder anzuordnen

Bilder an einer Wand zu präsentieren – ob es wuchtige Ölgemälde sind, zarte Aquarelle, Drucke, Zeichnungen oder Skizzen – ist eine Kunst. Nur wird sie leider viel zu oft unterschätzt. Ein Bild oder mehrere Bilder stimmig aufzuhängen, gelingt nicht auf Anhieb und bedarf schon eines besonderen Geschicks.

Nehmen wir einen typischen Fall: An einer Wand hängt zunächst nur ein Bild. Ein weiteres wird später dort platziert. Fast immer hängt man das neu hinzugekommene Bild dabei wie selbstverständlich an die verbleibende freie Wandfläche – auch, wenn zwischen den Bildern an der Wand keinerlei Bezug besteht. Ganz selten wirkt eine solche Hängung ausgewogen, denn sie missachtet grundsätzliche Gestaltungsregeln.

LINKS OBEN **Das Motiv bestimmt die Präsentation: Bilder mit Hundemotiv in unterschiedlichem Format wurden zu einer aparten Komposition zusammengestellt. Die Rahmen überschneiden den großen, mittig platzierten Druck an den Bildrändern.**

LINKS **Die locker wirkende Anordnung der teils übereinandergeschobenen Rahmen ist ganz bewusst arrangiert.**

RECHTS OBEN **Das puristische Stillleben mit Tongefäßen hängt direkt über einem realen Arrangement aus unterschiedlichen Keramikgefäßen, welches das Motiv des gemalten Bildes wiederholt.**

GANZ RECHTS OBEN **Die bemalten Teller und die gerahmten Drucke an der Wand über dem Bett greifen den blauen Farbklang auf, in dem das Schlafzimmer gehalten ist.**

Auf der weiß gestrichenen Ziegelwand sind Bilder mit verwandten Motiven – gemalte Ansichten italienischer Städte und Landschaften – angeordnet. Die Gegenstände auf dem Tisch stellen eine Verknüpfung zu den Motiven an der Wand dar.

Für dekorative Raumkonzepte gilt die goldene Regel, dass alle Elemente der Gestaltung harmonisch aufeinander abgestimmt sein sollten. Dies bezieht sich natürlich nicht nur auf die Anordnung des Wandschmucks, sondern ebenso auch auf die der Sitzgelegenheiten und der Beleuchtungskörper im Raum.

Betrachten Sie eine leere Wandfläche als wunderbare Möglichkeit, um kreativ zu werden. Die Fläche bietet den idealen Hintergrund für eine Bildkomposition. Sie können sich die Wand als Leinwand vorstellen – besser noch als Ausstellungsfläche in einer Galerie, in der man bei der Hängung der Kunstobjekte den Charme jedes einzelnen Werks bestmöglich hervorheben möchte.

Entscheidend für eine harmonische Hängung von Bildern ist ein übergeordnetes Gestaltungselement: Dies kann entweder das dargestellte Motiv sein, es können aber auch die künstlerische Technik, das Format oder die Farbe und Form der Rahmen sein. Auch wenn es nicht immer sofort augenscheinlich wird: Mindestens ein verbindendes Element findet sich immer.

LINKS **Die Drucke mit Pflanzenmotiven sind im kompakten Format angeordnet, um eine größtmögliche Wirkung zu erzielen. Sie hängen direkt über dem Kopfteil des Bettes, dessen Muster das botanische Thema aufgreift.**

UNTEN **Die aneinandergereihten Rahmen über der Längsseite des Refektoriumstisches bilden zusammen mit den Töpfen, Gläsern und Blumen eine stimmige Komposition.**

Das großformatige Gemälde ist so ausdrucksstark, dass es durchaus als Einzelbild die Wand schmücken könnte. Seine Wirkung wird jedoch noch durch die beiden kleineren Bilder und durch das Tischarrangement in dazu passenden Farbtönen gesteigert.

Haben Sie das gemeinsame Gestaltungselement gefunden, arrangieren Sie die Werke zu einer Komposition und hängen sie dann mit größtmöglicher Präzision an die Wandfläche. Hierfür benötigen Sie einen Bleistift, ein Maßband, ein Lot und eine Wasserwaage.

Kaum jemand besitzt ein perfektes Augenmaß. So ist es fast nicht möglich, Bilder erst während des Aufhängens harmonisch zusammenzustellen. Am besten behelfen Sie sich hier mit einer simplen, aber sicheren Methode: Die Bilder werden erst auf dem Fußboden ausgelegt und so lange verschoben und neu positioniert, bis eine ausgewogene Komposition gefunden ist. Die endgültige Position der Bilder skizzieren oder fotografieren Sie am besten, damit Sie sich bei der Hängung daran orientieren können. Wichtiger noch als die Kombination der einzelnen Motive ist aber der stimmige Abstand zwischen den Bildern.

OBEN **Auf den ersten Blick erscheint die Auswahl der Bilder eher zufällig. Die farbenfrohen Motive und die Goldrahmen verbinden jedoch die einzelnen Bilder unterschiedlichen Formats zur harmonischen Gesamtkomposition.**

LINKS **Ein gelungenes Arrangement aus verschiedenen Objekten und einem Bild.**

RECHTS **Als kompakte Dreierkomposition arrangiert, wirken die Bilder beeindruckender als jedes für sich allein.**

Hier gilt: Wird der Abstand zu gering gewählt, wirkt das Gesamtbild gedrängt; ist der Abstand zu groß, verlieren sich die Bilder zusammenhangslos auf der Fläche. Rahmenbreite und Bildformat sind für das Austartieren des Abstands wesentlich. Großformate benötigen viel freie Fläche um sich herum – manchmal eine ganze Wand –, Kleinformate kommen dagegen als Komposition am besten zur Geltung. Eine weitere Regel wird so gut wie nie beachtet: Harmonisch ist eine Hängung, wenn sich der Wandschmuck mit einem Arrangement darunter zur dreidimensionalen Komposition verbindet. Bilder, die ohne Bezug zu den Möbeln oder Gegenständen darunter irgendwo an der Wand hängen, büßen ihre Wirkung ein. Wie Sie sehen, sind die Fotografien und Bilder auf den Abbildungen in diesem Kapitel stets so gehängt, dass sich ein Bezug zu den darunter befindlichen Objekten ergibt.

LINKS OBEN **Designerskizzen bilden eine großformatige Bildkomposition. Der vorherrschende Farbklang in den Skizzen harmoniert dabei mit den Farben in der darunter arrangierten Glassammlung.**

LINKS UNTEN **Die Farbe Weiß und strenge, geometrische Formen bestimmen den Raum: Die Drucke in weißen Rahmen wurden in zwei Reihen exakt nebeneinander aufgehängt und bilden eine Entsprechung zu den klaren Linien der Möbel.**

DIESE SEITE **Stimmig: Florale Motive – überdimensional als Wandschmuck und als Dekokissen auf dem daruntersteheden Sofa. Hier wären zwei gemusterte Kissen jedoch schon des Guten zu viel.**

Fotografien gelungen präsentieren

Fotografien besitzen eine besondere emotionale Wirkung. Das mag daran liegen, dass sie die eigene Realität unmittelbar wiedergeben. Wir begegnen ihnen daher auch mit einem anderen Blick als traditionellen Kunstwerken, denen wir uns zumeist intellektuell annähern. Fotografien betrachten wir genauer, so dass auch Details ins Auge fallen. Diesem intimen Verhältnis von Bild und Betrachter sollte die Präsentation von Fotografien Rechnung tragen: Die Aufnahmen hängt man am besten auf Augenhöhe oder tiefer. Wirkungsvoll ist eine dichte Anordnung – vielleicht sogar mit leichten Überlappungen wie bei einem überdimensionalen Album.

- Fotografien eignen sich nicht nur als Wandschmuck: Ein Bord, ein Tisch, eine kahle Ecke im Raum, aber auch der Fußboden sind für Fotografien ideale Präsentationsflächen.
- Stehen Ihre Fotografien auf einem Bord oder dem Boden, dann ordnen Sie diese von Zeit zu Zeit immer mal wieder anders an, damit unterschiedliche Bilder und ihre Geschichten in den Blick treten.
- Kombinieren Sie entweder Farbfotografien miteinander oder Schwarz-Weiß-Fotografien. Letztere wirken in einer Kombination mit sepiafarbenen Drucken noch nostalgischer.
- Alte Fotografien sind oft sehr kleinformatig. Durch überdimensionale, verzierte oder verschnörkelte Rahmen kommen sie entsprechend zur Geltung.
- Gehäuse alter Sprungdeckeluhren aus Metall oder Leder bilden eine dekorative Schaufläche für kleine Fotografien.

Spiegel verbreiten in jedem Raum einen gewissen Zauber. Schon in der Antike schrieb man ihnen magische Eigenschaften zu – Spiegel enthüllten die Wahrheit oder übermittelten geheime Botschaften auf ihrer reflektierenden Oberfläche.

Der Zauber von Spiegeln

Der »moderne« Zauber von Spiegeln hat weniger mit Mythen und Märchen zu tun, als vielmehr mit visueller Magie – mit der Fähigkeit, Größe und Dimensionen eines Raumes zu verändern, Details zu betonen oder düstere Winkel mit Licht zu füllen. In der Raumgestaltung sind Spiegel von grundlegender Bedeutung. Erst sie verleihen einem Raum Tiefe und Leichtigkeit.

Ein spielerisches Element besaßen Spiegel bereits in der Antike, als sie noch nicht aus Glas, sondern aus hochglanzpolierten konvexen Bronze-, Zinn- oder Silberscheiben bestanden. Im 13. Jahrhundert kamen die ersten Spiegel aus Glas mit Metallbeschichtung auf den Markt, die als exklusive Luxusartikel gehandelt wurden.

Erst ab dem späten 17. Jahrhundert sind Spiegel auch für die Gestaltung von Innenräumen weithin bekannt. Dabei wurden die Spiegelrahmen – mit kostbaren Einlegearbeiten aus Elfenbein und Furnier oder fantasievollen Schnitzereien geschmückt –, allmählich ebenso wichtig wie das Spiegelglas selbst.

GANZ LINKS **Geschliffene Spiegel als ungewöhnlicher Wandschmuck. Die unterschiedlichen Formen der Spiegelgläser bilden ein reizvolles Gesamtbild. Spiegelrahmen würden dieses Arrangement eher stören.**

LINKS UNTEN **Der Spiegel im prunkvollen, ausladenden Rahmen ist der ideale Schmuck auf dieser auffällig gemusterten Tapete; ein Gemälde könnte sich nur sehr schwer gegen das lebhafte Dekor der Tapete behaupten.**

Der große Spiegel mit dem breiten silberfarbenen Rahmen ist wesentliches Element der Raumgestaltung. Im Eingangsbereich kam keine zusätzliche Farbe zum Einsatz. Die Wirkung beruht völlig auf der Form und der Reflexion des Spiegels.

LINKS **Ein frischer Anstrich bewirkt bei einem alten Rahmen manchmal Wunder. Dieser große Spiegel mit dem verzierten, weiß gestrichenen Rahmen ist das Schmuckstück des Badezimmers. Der Spiegel betont wunderbar die Badewanne und verleiht dem Raum Weite.**

RECHTS **Ein überdimensionaler Spiegel wurde in diesem kleinen Schlafzimmer scheinbar zwanglos gegen die Wand gelehnt. Der Spiegel erweitert den Raum: Es scheint, als blicke man durch eine Tür in ein weiteres Zimmer.**

GANZ RECHTS **Der Spiegel wurde hier so platziert, dass er das Poster an der gegenüberliegenden Wand reflektiert. Somit dient er gleichermaßen als praktisches wie dekoratives Raumelement.**

RECHTS UNTEN **Ein Kunstgriff: Die zwei übereinandergelehnten Spiegel erzeugen aufregende, leicht irritierende Spiegelbilder.**

GANZ RECHTS UNTEN **Das Ensemble aus geschliffenen Spiegeln in ganz unterschiedlichen Formen wirkt überraschend dekorativ in diesem hellen, altmodisch eingerichteten Badezimmer.**

Heute haben wir alle möglichen Freiheiten bei der Raumgestaltung. Da ein Spiegel jedoch jede andere Wanddekoration in den Hintergrund treten lässt, ist die richtige Platzierung von Spiegeln im Raum ganz entscheidend. Achten Sie auf eine positive Wirkung. So sollte zum Beispiel das im Spiegel Reflektierte mit der übrigen Wandgestaltung möglichst harmonieren. Spiegel, die zum Aufhängen an der Wand zu groß sind, wirken wie ein Türrahmen zu einem dahinterliegenden Raum, wenn sie auf den Boden gestellt und an die Wand gelehnt werden.

Bereits in den 1930er Jahren erfreuten sich verspiegelte Möbelstücke großer Beliebtheit. Heute sind sie wieder in Mode gekommen. Tische, Truhen oder Konsolen mit Spiegelelementen verleihen Schlaf-, Bade-, oder Wohnzimmern eine besondere Note. Die Palette an spiegelnden Oberflächen – sowohl in Gestalt gerahmter Spiegel als auch eingearbeitet in das Mobiliar – reicht dabei von rauchigen und bronzefarbenen Varianten bis hin zu antiken Beschichtungen, die dem Spiegelglas eine weichere, gedämpftere Tönung geben als moderne Beschichtungen.

Ezra Pound Persona
Andrew Motion Selected Poems

LINKS **Gelungenes Trompe-L' oeil: Die Fototapete an der Wand täuscht ein Bücherregal in einer Bibliothek vor. Schließlich sind Bücher ein Schmuck für jeden Raum.**

RECHTS OBEN **Eine Sammlung von Kunstkarten, Fundstücken und Schmuck wurde scheinbar willkürlich zusammengestellt. Bei genauem Hinsehen offenbart sich dahinter ein Ordnungsprinzip.**

RECHTS UND GANZ RECHTS **Gerahmt entfaltet die alte Landkarte ihren ganzen nostalgischen Charme. Die Karte bedeckt in einzelnen Teilen die gesamte Wand und lässt sich so bis ins kleinste Detail studieren.**

RECHTS UNTEN **Ein besticktes Seidentuch in der Breite des Sofas wird hier zum stimmungsvollen Wandbehang.**

Es gibt Gegenstände – von Hüten bis hin zu Küchenutensilien –, die viel zu schön sind, um einfach in Schubladen und Schränken zu verschwinden. Als Wandschmuck kommen sie zur Geltung.

Anderer Wandschmuck

Räume mit kahlen Wänden wirken immer ein wenig leblos. Rufen Sie sich nur einmal ins Gedächtnis, wie ein Zimmer aussieht, wenn man vor einem Umzug die Bilder ab hängt. Wandschmuck soll einem Raum eine persönliche Note verleihen. Dabei ist der Schmuck für die Wand nicht auf das Naheliegende beschränkt: Bilder und Fotografien sind wirkungsvoll, doch auch Objekte, die ursprünglich nicht als Schmuck gedacht sind, können Wände zum Hingucker machen. Hierzu zählen dekorative Land- und Seekarten, Textilien, Keramik und Ephemera wie Briefe, Postkarten oder Eintrittskarten. Ob Patchwork-Quilts, Schals, gemusterte Stoffe, Gipsreliefs oder bemalte Teller – wählen Sie, was Ihnen gefällt, und komponieren Sie ein harmonisches Arrangement. Behalten Sie dabei jedoch immer die gestalterischen Elemente des Raumes im Auge.

Blumen und Pflanzen

GANZ LINKS **Handbemalte Zuckerschale vor nostalgischem Rosendekor: Die gefüllten rosafarbenen Anemonen in der Porzellanschale entsprechen dem Farbschema der nostalgischen Tapete.**

LINKS **Drei unterschiedlich geformte Vasen aus demselben Material bilden mit den zartfarbenen Hortensien ein stimmiges Ensemble.**

GANZ LINKS UNTEN **Lockeres Arrangement aus weißen Hyazinthen, roten Beeren und Zweigen in einer weiß glasierten Schale.**

LINKS UNTEN **Sommerrosen in unterschiedlichen Farbtönen wurden charmant in einer antiken Teekanne mit Goldrand präsentiert, die mit dem nostalgischen Flair der Blüten harmoniert.**

Die beiden Zweige in der Glasvase sind Teil eines Arrangements mit Fundstücken und heben sich wie ein Ornament von der cremefarbigen Wand ab.

Blumen sind der schönste Schmuck für einen Raum, denn sie schaffen durch ihre Farbe und ihren zarten Duft eine angenehme Atmosphäre. Ein Strauß mit frischen, strahlenden Blüten – egal, ob formal oder zwanglos arrangiert – erfreut jedes Auge.

Sträuße und Sträußchen

Ein Zimmer ohne Blumen wirkt immer ein wenig steril und lieblos. Doch schon das bescheidenste Narzissensträußchen auf einem Tisch oder in einem Winkel verbreitet eine freundliche Stimmung in einem Raum.

Blumenschmuck ist ein wesentliches dekoratives Detail. Auch er unterliegt der Mode und dem Wandel der Zeit. Die wenigsten verspüren heute den Wunsch nach den üppigen Blumenarrangements der Viktorianischen Zeit, die so aufwendig zusammengestellt waren wie die Ballroben jener Epoche. Heutzutage finden durchdachte klassische Blumengebinde in der Regel nur noch bei formalen Anlässen wie Hochzeiten Verwendung. Gefragt ist stattdessen »Natürlichkeit«. Großer Beliebtheit erfreuen sich schlichte Blumen und Sträuße.

Arrangement aus apricot- und goldfarbenen Wicken in einer Glasvase mit schmalem Hals. Erst aus der Nähe offenbart sich die grazile Schönheit der Blüten und ihr zarter Duft.

OBEN **Jede noch so kleine Blüte kann Eindruck machen: Die Vollkommenheit der Miniatur muss nur entsprechend in Szene gesetzt werden.**

RECHTS OBEN **Die üppigen zweiblütigen Wicken bilden einen hübschen Kontrast zu der zartgrünen Glasvase.**

RECHTS **Um den Eindruck von Fülle zu verstärken, wurden die Stängel der Hortensien mit ihren prachtvollen Blütenköpfen stark gekürzt.**

GANZ RECHTS **Zweige mit langen Blättern sind hier in einem Tonkrug locker mit herrlich duftenden Fliederblüten arrangiert.**

Die Sträuße sollen die natürliche Schönheit der Blumen betonen und so frisch wirken, als seien sie eben erst im Garten gepflückt worden – auch wenn oftmals gerade diese Einfachheit Ausdruck großer Kunstfertigkeit ist. So werden zum Beispiel langstielige Strauchblüten in hohen Gefäßen kunstvoll zu zufällig wirkenden Arrangements angeordnet oder kurzstielige Blumen – oft derselben Art und Farbe – zu gedrungenen, dichten Sträußchen zusammengebunden.

Die Größe eines Blumenstraußes spielt keine Rolle, wichtig ist allein, dass er stimmig proportioniert ist und ausgewogen wirkt. Als Faustregel kann gelten: Niedrige Arrangements sollten möglichst ein wenig ausladender sein als das Gefäß, in dem sie stehen, und ungefähr die Hälfte der Gefäßhöhe ausmachen; langstielige Blumen dagegen sind idealerweise eineinhalb bis zweimal so lang wie die Höhe ihrer Vase.

RECHTS **Eine ungewöhnliche Wirkung lässt sich mitunter leicht erzielen: Gelbe Gladiolen wurden auf sechs unterschiedliche, weiß glasierte Krüge verteilt und mit Bedacht vor einem Spiegel auf dem Boden platziert, der die Gladiolen reflektiert.**

UNTEN **Einzelne Anemonenblüten entfalten hier ihre ganze Schönheit in grazilen Teetassen mit Golddekor.**

RECHTS MITTE **In der klassischen, bemalten Porzellanvase aus dem 19. Jahrhundert ergeben die gelben Rosen, die zum dichten Strauß gebunden sind, ein stimmiges, nostalgisch anmutendes Arrangement.**

GANZ RECHTS **Komposition Ton in Ton: zarte lilafarbene Schwertlilienblüten und lilafarbene Hyazinthen in einer kräftigeren Schattierung.**

Kleine, zarte Blüten sollten nicht mit großen kombiniert werden, da sie sonst im Strauß untergehen. Stattdessen lässt sich der Charme von Miniaturblüten in kleinen Gefäßen zur Geltung bringen, die möglichst so aufgestellt sind, dass man die Blüten in ihrer filigranen Schönheit von oben und aus der Nähe bewundern kann. Langstielige Blumen wirken auf Augenhöhe, weil so ihre Form zur Wirkung kommt.

Wie mit so vielen gestalterischen Elementen, so lässt sich auch mit Blumen der schönste Effekt erzielen, wenn man mit großzügigen Mengen arbeitet. Das bedeutet jedoch nicht, in eine Vase möglichst viele Blumen zu stecken: Es kann durchaus sehr wirkungsvoll sein, einen Bund Blumen auf mehrere Vasen oder andere Gefäße zu verteilen. Hier gilt: Seien Sie kreativ. Die klassische Vase ist nur ein Gefäß unter vielen. Sie können auch einfache Wassergläser und Krüge in weniger wasserdichte, aber dafür hübsche Behälter setzen.

Blumen sollten Sie sich nicht nur im Wohnzimmer gönnen. In der Küche geht die Hausarbeit beim Anblick von Blumen gleich leichter von der Hand; im Schlafzimmer verbreiten sie schon beim Aufstehen Laune, und im Bad sorgen sie für einen Hauch von Luxus. Es genügen schon wenige Blüten, und es müssen nicht die edelsten sein. Kaufen Sie Saisonblumen im Bund statt sündhaft teure Treibhausgewächse.

Ob aus Gründen der Ästhetik oder aus Sparsamkeit: Viele Menschen lieben einzelne Blüten – ein moderner Blumenschmuck ohne großen Aufwand und große Kosten.

Einzelne Blumen und Blüten

Eine Blume ist ein Wunder der Natur. Die Form und die Schattierung eines Blütenblattes, die Silhouette des Stängels oder der Farbton eines Blattes – die Schönheit der einzelnen Blüte entgeht uns manchmal beim Betrachten eines Straußes. Steht dagegen nur ein Blütenstängel oder ein Zweig in einem Gefäß, nimmt man ihn in seiner botanischen und ästhetischen Einzigartigkeit wahr. Jede Blume – selbst eine winzige – kann sich so von ihrer schönsten Seite zeigen. Dies ist die ideale Lösung, um einer Blume mit geknicktem Stiel oder der letzten Blüte eines Straußes neues Leben einzuhauchen. Die Vase lässt sich ganz auf die Blüte abstimmen.

GANZ LINKS **Ein ungleiches Paar bilden sowohl die beiden Blüten als auch die Glasgefäße. Farbklang und aparte Wirkung der Blüten sorgen für ein stimmiges Bild.**

GANZ LINKS OBEN **Finden Sie zu jeder Blume das ideale Gefäß: Anemonen haftet ein Hauch von Nostalgie an. Die kleine Keramikvase im chinesischen Stil ist dazu eine traumhafte Ergänzung.**

OBEN **Die perfekte Rose ist der Traum jedes Gärtners. Diese reizende Blüte kommt am besten in einer kleinen Vase zur Geltung, die nicht mit der Königin der Blumen in Konkurrenz tritt.**

LINKS **Allein unter vielen – eine großartige Lösung für Blumen, die zu klein für ein großes Arrangement sind, oder deren Stängel geknickt oder zu kurz sind. Manche stehen hier in Glashaltern, andere in Fläschchen. Als Gruppe angeordnet bilden die einzelnen Blüten einen hübschen Blickfang.**

Erfrischend in jedem Raum wirken blühende, aber ebenso auch nicht blühende Topfpflanzen. Sie sind eine ebenbürtige Alternative zu frischen Schnittblumen.

Pflanzen als Schmuck

Unser Geschmack bei Zimmerpflanzen hat sich gewandelt: Den dunklen, großblättrigen Schusterpalmen oder Philodendren ziehen wir heute zartere Formen vor wie Ziergräser, Jasmin oder blühende Zimmerpflanzen. Getriebene Blumenzwiebeln wie Dufthyazinthen, schneeweiße Dichternarzissen, Tulpen, Krokusse oder zierliche Traubenhyazinthen verbreiten überall eine lebendige und warme Atmosphäre. Auch Hainveilchen, Stiefmütterchen – ja eigentlich alle Pflanzen, die in einem hübschen Behälter auf dem Fenstersims gut aussehen –, eignen sich als Raumschmuck. Blühende Pflänzchen in Terracottatöpfen oder Blech sind hübsch auf dem Esstisch. Man kann sie auch in klare oder farbige Gläser pflanzen. Die durchschimmernde Erde oder das Moos wirken gerade im richtigen Maß rustikal.

OBEN **Die zarten Veilchen sind die reizvollsten Waldpflanzen. Um ihre grazile Schönheit zu betonen, wurden sie in ein schweres Zinkgefäß gepflanzt.**

UNTEN **Zwergrosen wirken am schönsten in einem Topf, der mit ihrer Farbe und zarten Form kontrastiert. Die silberne Schale strahlt im richtigen Maß edle Schlichtheit aus.**

LINKS **Zu zweit ist man in Gesellschaft, zu fünft feiert man ein Fest: Osterglocken in Metalltöpfen bringen den Frühling ins Haus.**

OBEN **Ein spannender Kontrast: Der Topf der anmutigen Orchidee wird von einem eher groben, rustikalen Bastbeutel umhüllt.**

Originelle Vasen

Blumenschmuck im Haus lässt sich mit etwas Geschick zu einem echten Blickfang arrangieren, der auch anderen Elementen der Raumgestaltung Kontur und Charakter verleiht. Wie für das Arrangement der Blumen, so gilt heute für die Wahl der Blumengefäße das Motto »Ungezwungenheit«.

Fast jedes Behältnis lässt sich zu einer ungewöhnlichen Vase umfunktionieren – selbst eine ausgefallene Blechdose. Körbe oder Schachteln sind zwar nicht wasserdicht, können jedoch als Zierhülle dienen, in die man eine Vase oder ein Glas einstellt. Es lohnt sich daher, alte Trinkgläser, Glasfläschchen und ausgefallene Konservengläser aufzuheben, um bei Bedarf Blumengefäße von unterschiedlicher Form und Größe zur Hand zu haben.

Beschränken Sie sich bei der Suche nach einer Vase nicht auf den Porzellanschrank, sondern blicken Sie sich ruhig auch einmal in der Küche,

dem Schlaf- und Badezimmer um. Zunächst gibt es augenfällige Gefäße wie Kaffeebecher, Teetassen oder Krüge. Der Spaß am Gestalten beginnt aber erst, wenn man noch einen Schritt weitergeht: Da wären Schüsselchen für Suppe oder Salat, Kaffee- oder Teekannen, Saucieren und Terrinen. Eierbecher, Brandy- oder Likörgläser eignen sich hervorragend für kleine Blüten oder Blumen mit geknicktem Stängel. Schließlich gibt es eine Palette an Blechbüchsen und Eimern, Flaschen, Kisten und Schachteln. Die schönsten Kombinationen bestehen häufig aus Gegensätzlichem – kontrastierenden Farben, Formen und Materialien – wie edlen Rosen in einem Zinkeimer oder Zweigen in einer feinen handbemalten Vase.

- Hat man erst einmal Gefallen an ungewöhnlichen Vasen gefunden, dann entwickeln Trödelläden und Flohmärkte eine ungeheure Anziehungskraft: Halten Sie Ausschau nach größeren Gefäßen und verzinkten Krügen und Kannen.
- Der klassische Steckschaum, der Wasser speichert, ist heute weit verbreitet. Doch auch Knäule aus Hühnerdraht oder gläserne Steckigel sind traditionelle Hilfsmittel. Letztere sind kleine, unterschiedlich geformte Glasobjekte mit Löchern, die auf den Vasenboden gesetzt werden und besonders in durchsichtigen Vasen sehr hübsch wirken. Steckigel aus Glas findet man gelegentlich in Antiquitätenläden oder bei Auktionen.
- Verwenden Sie nur saubere Behälter und schneiden sie die Blätter von den Stängeln so weit ab, dass sie nicht im Wasser stehen. Nährstoffpäckchen verlängern die Lebensdauer von Schnittblumen!

Textilien

Große bequeme Kissen in Sofa- und Sesselecken wirken äußerst einladend: Die Kissen sollte man allerdings nur locker aufschütteln, statt sie akkurat zu drapieren.

LINKS Das Farbschema verbindet diese Gruppe kleiner rechteckiger und quadratischer Kissen mit unterschiedlichen Mustern. Ein hübscher Blickfang sind die kleinen Troddeln an den Ecken der gestreiften Kissen.

OBEN Die vollkommen unterschiedlichen Kissen harmonieren dank der dezenten, neutralen Farbpalette.

UNTEN Ein schlichtes Plaid wurde mit Hilfe eines Futters und einer Einfassung aus leuchtendem Samt zum dekorativen Schmuckstück.

Neue Kissen verleihen einem Raum ein neues Gesicht. Drapieren Sie noch ein oder zwei aparte Überwürfe auf dem Sofa dazu – und schon herrscht eine warme und freundliche Atmosphäre.

Kissen und Überwürfe

Jeder Raumausstatter weiß, dass sich mit Textilien besonders einfach eine markante Veränderung des Raumeindrucks erzielen lässt. Um ein Zimmer neu zu gestalten, muss man jedoch nicht gleich die Bezüge von Sofas oder Sesseln auswechseln, was stets eine teuere Angelegenheit ist. Oftmals genügt es bereits, Kissen und Überwürfe zu ergänzen: Der Raum erhält dadurch umgehend ein freundlicheres, unter Umständen sogar ein vollkommen neues Gesicht. Dennoch sollten Sie dabei nicht ohne Konzept ans Werk gehen. Zwar kommt ein einzelnes Kissen auf einem Sofa optisch nur dann zur Wirkung, wenn es sehr auffällig gemustert oder groß ist, doch gilt es gleichfalls darauf zu achten, dass kein überladener Eindruck entsteht, denn: Zu viele Kissen wirken eher abweisend statt einladend. Der vorhandene Platz sollte behaglich ausgefüllt sein – ob mit zehn Kissen oder nur mit einem.

Als Nächstes gilt es, Farbe und Form der Kissen zu bedenken: Nichts wirkt langweiliger als eine Reihe identischer Kissen (denken Sie an Schausofas im Möbelhaus); wie bei Bildern sollte hier etwas variiert werden. Achten Sie dabei auf Ausgewogenheit und Proportionen. Liegen die Kissen nebeneinander, können die einen zwar rechteckig, die anderen quadratisch, ein paar groß und ein paar klein sein. Insgesamt sollten sie sich jedoch zu einem stimmigen Gesamtbild fügen.

Die Auswahl und Drapierung von Überwürfen bedarf ebenfalls eines gewissen Geschicks. Eine alte Decke, die achtlos über einen wackeligen Stuhl geworfen wird, ist sicherlich kein optischer Gewinn – und genau das ist der Punkt. Ein Überwurf muss praktisch und dekorativ sein und sollte überdies zu dem übergeordneten Gestaltungskonzept passen, um einen Raum behaglicher und ansprechender wirken zu lassen. Die Auswahl reicht dabei von antiken Schals bis zu modernen handgestrickten Decken oder Plaids. Schöne Textilien, die für eine anderweitige Verwendung zu klein oder zu auffällig sind, können hervorragend als Überwurf in Szene gesetzt werden. Dabei wirken Überwürfe aus einem kontrastierenden Material dekorativ, solange zwischen Bezug und Überwurf eine gewisse Harmonie besteht.

LINKS OBEN: **Kissen und Rollen schmücken die Holzbank. Die Bezüge wurden aus alten Stoffen genäht.**

LINKS **Behaglich wirken zum viktorianischen Sessel mit Knopfheftung ein Kissen und ein Überwurf in dezenter Farbe und moderner Musterung.**

RECHTS OBEN **Ein Fest der unterschiedlichen Texturen – und gleichermaßen originell wie einladend! Auf einem Ledersessel wurde ein farbiges Fell als Überwurf drapiert. Ein eigenwilliges Paillettenkissen krönt das Ensemble.**

GANZ RECHTS OBEN **Gelungene Kombination von Farbe und Muster: Das orientalische Tuch wird zum schmückenden Überwurf für einen Designersessel mit Wollbezug aus dem 20. Jahrhundert.**

RECHTS **In dem schlicht gestalteten Raum setzten die farbigen und gemusterten Kissen belebende Akzente.**

Akzente durch Farbe und Muster

Zum Experimentieren mit Farbe und Muster und zum Ausprobieren neuer Ideen bieten sich Kissen als kleine Objekte geradezu an. Kissen und Überwürfe sind sozusagen die Modeaccessoires der Raumgestaltung: Sie spiegeln Stimmung und Vorlieben des Augenblicks wider und verändern das jeweilige Erscheinungsbild eines Raums grundlegend. Alte und erlesene Textilien kommen als Kissenbezug oder als Teil eines größeren Bezugs in ihrer originären Klasse zur Geltung. Zum Einsatz kommen aber auch Stoffreste, die sich mangels Größe anderweitig nicht mehr verwenden lassen. Welchen Mustern und Farben Sie auch immer den Vorzug geben: Vergessen Sie Maß und Proportionen nicht. Auf einem großen Sofa vor einer einfarbigen Wand sieht ein kleines Kissen, insbesonders in leuchtender Farbe oder mit einem auffälligen Muster, immer etwas verloren aus.

- Farbakzente sind das A & O der Raumgestaltung: Mehrere Kissen in leuchtenden Farben sorgen für wirkungsvolle Kontraste, sind aber aufgrund ihrer Größe nicht allzu dominant.
- Behalten Sie stets das gestalterische Leitmotiv des Raums im Blick. Auch die Sofakissen sollten mit den übrigen dekorativen Elementen harmonieren.
- Vermeiden Sie ramponierte oder fleckige Kissenbezüge. Vorübergehend kann man ein dekoratives Stück Stoff auf den Bezug aufnähen oder aus Stoffresten die Enden einer Kissenrolle oder Einfassungen für Sitzbezüge fertigen.
- Wenn sie schöne Restposten an Stoffen für einen günstigen Preis entdecken, dann greifen Sie zu: Es ist immer gut, einen kleinen Vorrat an dekorativen Stoffen parat zu haben.

Früher hütete man Bettwäsche als kostbaren Schatz des Hausstands. Sie war ein Teil der Aussteuer und wurde an Familienmitglieder vererbt. Obwohl sie in erster Linie als Gebrauchsgegenstand diente, verzierte man sie liebevoll und aufwendig.

Bettwäsche

Heute greifen wir nicht unüberlegt zu irgendwelcher Bettwäsche, sondern kaufen ganz selbstverständlich aufeinander abgestimmte Laken und Bezüge und lassen uns bei der Wahl von den Farben und dem Stil unseres Schlafzimmers leiten. Bettwäsche ist mittlerweile nicht mehr in erster Linie ein Gebrauchsgegenstand, sondern wesentliches dekoratives Element des Schlafzimmers, das den Farben der Wände und des Bodens an Wirkung gleichkommt. Neue Bettwäsche oder eine neue Tagesdecke verändern mit einem Schlag das Erscheinungsbild eines Zimmers vollständig. Es lohnt sich also, Bezüge und Decken sorgfältig auszuwählen.

Bettwäsche sollte zunächst einmal vom Stil her zum Bett passen. Die Farbe der Bezüge sowie das Dekor sollten wohlüberlegt eingesetzt werden. Auch sie sind dem Wandel der Mode unterlegen. Bevorzugte man in den 1960er Jahren zum Beispiel leuchtende Farben oftmals in Kombination mit Schokobraun oder Marineblau, so waren in den 1970er Jahren Bett- und Kissenbezüge mit großzügigen Ornamenten, die an Blumenbeete oder

LINKS OBEN **Eine gehäkelte Tagesdecke lässt die helle Bettwäsche durchscheinen und verhindert, dass Brauntöne den Raum dominieren.**

GANZ OBEN **Das geschwungene Kopfteil des Bettes im gotischen Stil wird durch die geblümte Nackenrolle betont, die in ihrer Musterung den Farbton der Wand aufgreift.**

OBEN **Harmonisch abgestimmt auf die kräftigen Farben der Vorhänge am Fenster ist das dezente Blütenmuster des Baldachins des Himmelbettes.**

RECHTS **Komfort pur verspricht dieses moderne Bett. Die Bettwäsche in sanften Taupe-Schattierungen passt zum gepolsterten Kopfteil mit Knopfheftung.**

DIESE SEITE UND RECHTS **Freundlich und behaglich wirkt dieses charmante Schlafzimmer, in dem jedes Detail aufeinander abgestimmt ist – angefangen vom hellen Dielenboden über das altmodische Eisenbettgestell bis hin zu den lackierten Klapptischen aus Holz. Für Kontraste sorgen die Stickereien der Bettwäsche, der Quilt sowie das frische ockerfarbene Stoffmuster des Kopfteils, das mit Bändern am Bettgestell befestigt ist.**

LINKS **Eine Auswahl hübsch verzierter Kissen: Das obere Kissen wird mit Schleifchen statt Knöpfen geschlossen, die beiden anderen Kissen wurden mit bunten Borten und Litzen verschönert.**

UNTEN **Ein Schlafzimmer detailgetreu im nostalgischen Stil eingerichtet: Die zarten Rosenbouquets auf dem altmodischen Tapetendekor finden farblich ihr Pendant in dem Quilt und im Muster des Paradekissens.**

Pop-Art-Gemälde erinnerten, der letzte Schrei. Mittlerweile geht der Trend wieder hin zur eigentlichen Bedeutung des Schlafzimmers als Ort der Ruhe und Entspannung. Bettwäsche in gedämpften Farben ist gefragt – egal, ob Bett und Raum in einem antiken oder zeitgenössischen Stil gehalten sind. Natürlich muss man sich dabei nicht auf ein einheitliches Design beschränken, erst recht nicht bei Tagesdecke oder Quilt. Hier erzielt schon die Kombination unterschiedlicher Farbnuancen und Muster eine gelungene Wirkung, wenn man sich innerhalb einer Farb- oder Musterpalette bewegt und vielleicht noch mit zusätzlichen Kissen für einen deutlichen Kontrast oder Kontrapunkt sorgt.

Auch Bequemlichkeit ist ein wichtiges Kriterium – vielleicht sogar das wichtigste für das Schlafzimmer. Ausreichend Kissen sollten vorhanden sein, um gemütlich im Bett lesen zu können. Schwere Kissen und Decken oder alte Federbetten sollten Sie austauschen, denn hier lohnt sich Qualität in jedem Fall. Ein Überwurf oder eine Wolldecke am Fußende verleihen dem Bett eine besondere, vielleicht sogar luxuriöse Note.

Manche Menschen gestalten ihr Schlafzimmer nach dem Motto »Keine Kompromisse«. Für sie gibt es im Schlafzimmer nur eine einzige Farbe: Weiß.

Das weiße Bett

Früher gab es Bettwäsche prinzipiell nur in Weiß. Trotz der großen Auswahl, die es heute an farbigen Bezügen gibt, bleibt für viele Puristen immer noch Weiß die einzig denkbare Farbe für ein Schlafzimmer. Fast jeder Stil – ob aufregend modern oder nostalgisch verspielt, lässt sich in Weiß verwirklichen. Doch wirkt ein weißes Dekor rasch steril, ja sogar langweilig. Deshalb sollte man bei den einzelnen Dekorelementen – insbesondere dem Bett selbst – für gewisse Abwechslung sorgen. Grundsätzlich gilt: Weiß ist nicht gleich Weiß. Es gibt viele Nuancen. Für eine raffinierte und charmante Gestaltung in Weiß zählt es, unterschiedliche Nuancen und Materialien zu variieren. Kombinieren Sie Gewebe wie weiche Wolle, glatte oder wattierte Baumwolle oder Leinen mit Struktur; setzen Sie Akzente mit Stickereien, Fransen, Bordüren oder mit farbig abgesetzten Säumen.

OBEN **In diesem weißen Schlafzimmer sorgen unterschiedliche Formen und Strukturen sowie ein zarter Hauch von Rosa auf den Kopfkissen für Abwechslung.**

LINKS **Bestickte Stoffstreifen wurden zu Kissenbezügen verarbeitet. Die Kissen bilden einen reizvollen Blickfang auf dem weißen Bett.**

RECHTS **Ein majestätisches Messingbett ganz in Weiß. Einen Akzent setzt der klassische Überwurf mit Fransen.**

Das Mansardenzimmer ist ganz in Weiß gehalten, um den Raum optisch zu vergrößern. Die weißen Dielen, das weiße Mobiliar und die dezent gemusterte Tapete würden für sich allein kühl wirken. Die opulente gesteppte Tagesdecke am Fußende des antiken französischen Bettes verleiht dem Raum jedoch Behaglichkeit.

Liebevolle Details für das Gästezimmer

Übernachtungsgäste sind wohl die größte Herausforderung für jeden Gastgeber: Wie lässt sich der Aufenthalt für die Gäste so komfortabel wie möglich gestalten? Indem man auf die Details achtet, lautet auch hier die Antwort. Ratgeber »für die perfekte Gastgeberin« gaben stets die Empfehlung, dass die Dame des Hauses persönlich in jedem ihrer Gästezimmer eine Nacht verbracht haben sollte. Diesen Rat müssen Sie nicht befolgen – abgesehen davon, dass man heute in der Regel sowieso nur über ein Gästezimmer verfügt. Inspizieren Sie jedoch vor Ankunft der Gäste das Zimmer und versuchen Sie, es mit den Augen eines Fremden zu betrachten. Hübsche Bettwäsche, eine Nachttischlampe mit angenehmem Licht, ein gutes Buch, eine Vase mit frischen Blumen, ein Wasserglas und ein Wecker – diese kleinen Aufmerksamkeiten verleihen einem Gästezimmer den letzten Schliff.

- Nachttischlampen sollten in Bettnähe mindestens auf Höhe des Kopfendes angebracht sein. Die Erfahrung zeigt: Eine Lampe von der Größe eines Champignons liefert zum Lesen kein ausreichendes Licht. Langfristig bewährt sich die Montage einer schwenkbaren, verstellbaren Wandlampe.
- Die passende Lektüre? Was den Lesestoff für Gäste betrifft, so liegen Sie mit einem aktuellen Magazin, einem Band mit ausgewählten Erzählungen oder mit der aktuellsten Bestseller-Biografie meist richtig.
- Ein bequemer Polstersessel im Gästezimmer ist Luxus pur: Ihre Gäste werden ihn vielleicht nicht benutzen – allein der Gedanke jedoch, sich darin zur Entspannung zurückzuziehen, wirkt ungemein einladend.
- Kleine Aufmerksamkeiten, wie eine Dose mit Keksen, die nötigen Utensilien zum Teekochen sowie Zahncreme, Badesalz oder Ähnliches, sind im Gästezimmer und im Gästebad stets willkommen.

Porzellan und Glas

OBEN **Kleine, überraschende Accessoires wie diese Muschel, die als Salzgefäß dient, verleihen einer Tafel eine ansprechende, fröhliche Note.**

Ein schön gedeckter Tisch ist nicht nur ein dekoratives Arrangement mit Glas und Porzellan. Er ist eine unmittlebare Einladung zu Genuss und Geselligkeit. Jeder Tisch sollte daher unabhängig vom Anlass mit Sorgfalt gedeckt werden.

Die gedeckte Tafel

Jahrhundertelang nutzte man eine gedeckte Tafel, um Eindruck zu machen. Kostbares Silbergeschirr, Glas und Porzellan offenbarten dem Gast Macht und Wohlstand des Hausherrn. Heute möchte man unterschwellig vielleicht ebenfalls beeindrucken. In erster Linie aber sollen Gäste sich an einem Tisch willkommen fühlen. Das erreichen Sie, indem Sie sich um eine einladende Tischdekoration bemühen, mit schönen Porzellan- und Glaswaren, Blumen, Kerzen und anderem Schmuck.

Da wir heute eher selten Mahlzeiten in einem separaten Esszimmer einnehmen, sondern in der Küche oder dem Wohnzimmer, gewinnt die Gestaltung des Esstisches umso mehr an Bedeutung. Die Variationsmöglichkeiten für eine Tischdekoration sind so zahlreich wie die Designvielfalt bei Porzellan und Glas. Ob ein Tisch modern oder klassisch, formell oder zwangslos, romantisch oder kühl-elegant gedeckt wird – entscheidend ist allein, was uns gefällt und was wir an Dekorelementen zur Verfügung haben. Tischarrangements sind Raumgestaltungen en miniature. Glänzen kann hiermit jeder.

Schlicht, raffiniert und stilvoll: Ein einfaches Arrangement aus sanftem Hellgrau kombiniert mit Weiß. In einem Weinglas mit Golddekor stehen üppige Pfingstrosen in zartem Rosé.

OBEN **Die bestickte Serviette mit Spitze steckt als Blüte drapiert in einer feinen handbemalten Porzellantasse.**

LINKS **Besteck in festlicher Ordnung: Mit fröhlichen Schleifchen aus unterschiedlich gemusterten Bändern und Borten zusammengebunden, liegen auf einem bunten Tischtuch Messer, Gabeln und Löffel bereit.**

GANZ OBEN **Neben den gestapelten Tellern stehen in globigen Keramikgefäßen Messer und Löffel parat: Die Party kann beginnen!**

RECHTS OBEN **Zur groben Textur der hellgrauen Leinenserviette passt der Kieselstein. Er ist dekorativ und sorgt bei der Gartenparty auch dafür, dass die Serviette an ihrem Platz bleibt.**

Wie beim Arrangieren von Stillleben auf Tischflächen (siehe Seite 138) kommt es beim Schmücken einer Tafel darauf an, die vorhandenen Dekorelemente auf fantasievolle Weise einzusetzen. Manchmal ist die Überraschung darüber groß, was beim Öffnen der Schränke so alles an Glas und Porzellan zum Vorschein kommt. Die meisten von uns besitzen zwar mehr als ein Service oder einen Satz Gläser, aber diese sind oft nicht komplett. Das ist absolut kein Makel, denn mittlerweile haftet dem Eindecken einer Tafel mit einem vollkommen einheitlichen Service eine leicht altmodische Note an. Schön ist dagegen zum Beispiel eine Kombination von Menütellern mit den Brot- oder Salattellern eines anderen Services, deren Muster farblich miteinander harmonieren.

Sollten Sie ein komplettes Service besitzen, lässt sich mühelos mit Tischtüchern und Platzsets eine abwechslungsreiche Tafel decken. Beginnen Sie stets mit der Wahl der Tischwäsche: Das Tischtuch ist die »Leinwand«, die sich schrittweise mit Farbe und Struktur füllt.

Eine Tafel können Sie sich auch als Bühne vorstellen: Gedecke und Tischschmuck sind dabei das Bühnenbild und die Requisiten, die Gäste die Schauspieler. Dieses Gedankenspiel erleichtert es, die Tafel als ein Teil des Raumes wahrzunehmen und Wände, Licht sowie Farben des Zimmers mit in die Gestaltung einzubeziehen. Manchmal braucht eine schön gedeckte Tafel noch ein gewisses Extra – einen Spiegel, ein Gemälde oder vielleicht eine zusätzliche Beleuchtung. Stimmen Sie die Materialien, Farben und Muster aufeinander ab und schrecken Sie nicht vor ungewöhnlichen Kombinationen zurück – ob Sie nun opulenten Tischschmuck lieben oder eine eher schlicht gedeckte Tafel. Lösen Sie sich von festen Denkmustern und setzen Sie Ihre Fantasie ein, um mit Vorhandenem etwas Neues zu kreieren.

LINKS UND RECHTS OBEN **Schlicht, aber sehr einladend wirkt diese Tischdekoration. Der Läufer aus Leinen ist mit einem Wildrosenmotiv bedruckt. Mit den Rottönen auf dem Läufer harmoniert das Rot auf den rustikalen Servietten aus glattem Leinen. Weiße Teller, weiße Tulpen und das Rot des Roséweins in den geschliffenen Gläsern runden das stimmungsvolle Arrangement perfekt ab.**

GANZ RECHTS OBEN **Fernost trifft West: schwarze Teller, eine cremefarbene Schale, eine weinrote Leinenserviette und als Krönung schwarz-weiß gepunktete Stäbchen.**

RECHTS **Das Tablett aus dunklem, edlen Holz mit einem hohen Rand und den dazupassenden Einsätzen macht es möglich, verschiedene Zuckersorten auf originelle und zugleich stilvolle Weise anzubieten.**

GANZ RECHTS **Einfache Porzellanteller in unterschiedlichem Dekor und Format. Durch das gemeinsame Farbschema, in dem Grün- und Rosatöne vorherrschen, harmonieren die einzelnen Teller trotz ihrer Verschiedenheit miteinander.**

Die Sammlung hoher Kerzenhalter aus Glas nimmt fast die gesamte Tischfläche ein. Kerzen in unterschiedlichen Rot-, Rosa- und Elfenbeintönen sind hier ein wesentliches Element der Gesamtkomposition.

RECHTS **Auf einem Fenstersims wurden vor einer weißen Lamellenjalousie mehrere identische Kerzenhalter in zwei versetzten Reihen angeordnet – ein schlichtes, aber wirkungsvolles Arrangement.**

GANZ RECHTS **Die beiden reich verzierten Kerzenleuchter aus Holz (rechts ein altmodischer Dornleuchter) sind nicht identisch, bilden jedoch ein reizvolles Paar.**

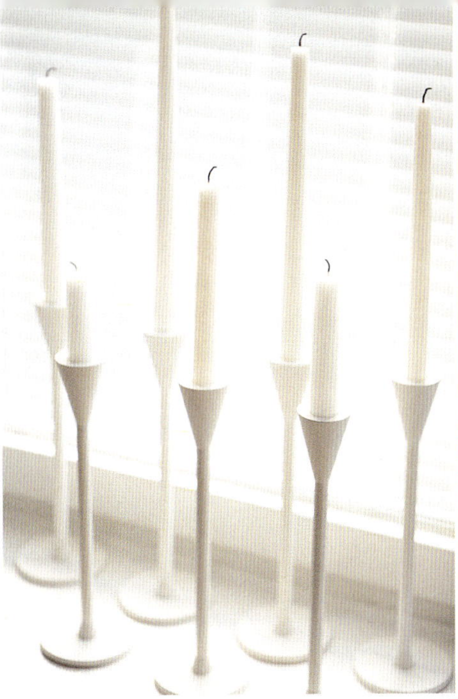

Die Beleuchtung spielt in jedem Raum eine entscheidende Rolle – besonders am Tisch. Hier sollte sie stimmungsvoll sein und darf durchaus schmeicheln. Wer möchte schon an einer Tafel in grellem Licht sitzen?

Kerzenhalter

Auch in Zeiten, in denen die elektrische Beleuchtung allgegenwärtig ist, hat Kerzenlicht nichts von seiner Beliebtheit eingebüßt. Insbesondere bei einem festlichen Abendessen ist das weiche Licht nicht wegzudenken.

Seit der Antike galten Kerzen als Ausdruck von Wohlstand. Während für den Großteil der Bevölkerung über viele Jahrhunderte hindurch lediglich Binsenlichter und Talgkerzen aus stechend riechendem Rinder- oder Hammelfett erschwinglich waren, verwendeten die Reichen duftende Bienenwachskerzen. Im 17. Jahrhundert erfuhr der Kerzenluxus unter Ludwig XIV. am Hof von Versailles einen Hohepunkt. Regelmäßig entzündete man dort im Spiegelsaal 3000 Kerzen, deren Licht von über 350 Spiegeln reflektiert wurde.

Den Zauber von Kerzenlicht wissen wir heute auch zu schätzen. An einer Tafel schmeichelt das Licht jedem Gesicht und verbreitet eine behagliche Atmosphäre – ideale Bedingungen für ein festliches Essen. Letztlich aber profitiert nicht nur eine gedeckte Tafel von der Opulenz und Tiefe, die Kerzenlicht einem Raum verleiht.

Der kunstvolle Kandelaber auf dem Hocker wartet darauf, das Bad zu einem Fest der Sinne zu machen.

Die Auswahl an modernen und antiken Kerzenhaltern und -leuchtern ist riesengroß. Ursprünglich wurden sie meist für eine paarweise Aufstellung entworfen, doch es wirken durchaus auch einzelne Leuchter – insbesondere, wenn mehrere in Form und Größe unterschiedliche miteinander kombiniert werden. Das gemeinsame Gestaltungselement für ein Arrangement mit Leuchtern kann das Material – Glas, Silber, Keramik –, die Farbe oder die Form sein. Die Leuchter müssen nicht direkt auf dem Esstisch platziert werden, sondern lassen sich auch im Raum anordnen – als Gruppe auf einem Kamin, auf einem Beistelltisch in Kombination mit anderen Gegenständen oder auf dem Fenstersims.

Weiß und Elfenbein sind die klassischen Kerzenfarben. Mit Kerzen jedoch lassen sich ganz wunderbare Farbakzente setzen: Wählen Sie kühn und selbstbewusst farbige Kerzen aus und arrangieren Sie sie eher en masse statt einzeln oder paarweise.

Die Sammlung an Leuchtern aus Silberglas auf dem hohen Wandbord dient rein dekorativen Zwecken. Doch wirkt ein solches Arrangement weitaus stimmiger, wenn auf den Kerzenhaltern auch Kerzen stecken.

UNTEN **Leuchter aus Metall stehen hier wie Wächter in der Wandnische vor einem Glasperlenvorhang.**

RECHTS OBEN **Mehrere Kandelaber aus Pressglass – rechts mit herabhängenden Glastropfen – wurden auf dem Kaminsims vor einem großen Spiegel platziert, der das Kerzenlicht reflektiert.**

GANZ RECHTS OBEN **Als es noch kein elektrisches Licht gab, waren emaillierte Kerzenhalter mit Griff fast in jedem Haushalt zu finden. Heute sind diese farbigen Leuchter schöner Dekor.**

RECHTS UNTEN **Eine große Sammlung von Kerzenhaltern aus Buntglas – man kann sich kaum daran sattsehen.**

Verschiedene Arrangements mit Glas: In dieser Vitrine wurden gläserne Kelche, Kerzenhalter und Karaffen mit Blumen, Muscheln und Schmuckgegenständen stimmig kombiniert.

Lange galt Glas als ein Wunderwerk, was angesichts seiner Vielgestaltigkeit auch nicht erstaunt. Glas kann opak oder durchscheinend, dickwandig oder hauchdünn, farbig oder klar sein, kann geblasen oder geformt, vergoldet oder bemalt werden.

GANZ LINKS **Rubinrot zählt zu den ältesten Farbtönen bei Glas. Die Schattierungen reichen von zartem Rosé bis hin zu tiefem Weinrot. Rote Gläser, die in Form und Stil unterschiedliche Epochen repräsentieren, fügen sich hier harmonisch zusammen.**

LINKS **Halbopakes, milchiges Glas harmoniert ganz wunderbar mit anderen Farben und Materialien. Die Sammlung an Karaffen und Gefäßen aus Milchglas auf dem schlichten Lacktablett bildet zusammen mit den Zweigen ein attraktives Stillleben.**

Glaswaren

Schon im alten Ägypten, Griechenland und Rom stellte man nicht nur einfache Gefäße wie Becher, Kelche, Schalen oder Karaffen aus Glas her, sondern kreierte wahre Kunstwerke von erlesener Qualität. Jahrhundertelang waren die raffinierten Techniken der antiken Glasverarbeitung in Vergessenheit geraten, bis sich im 14. Jahrhundert venezianische Glaskünstler darauf besannen und erneut luxuriöse Glaswaren herstellten.

Glas ist ein besonderes Material. Vielleicht sind es seine konträren Eigenschaften wie Robustheit und Zerbrechlichkeit, welche Designer und Kunsthandwerker immer wieder zur Kreation noch schönerer Stücke beflügeln. Glaswaren sind oft nicht nur für den Gebrauch bestimmt, sondern auch erlesener Schmuck. Alte Dekantiergefäße mit geschnittenen, facettierten oder gepressten Verzierungen zum Beispiel sind viel zu schön, um ungesehen im Schrank zu verstauben.

LINKS **Geschnittenes Glas wirkt ausgesprochen apart. Die Oberflächen der Karaffen und Dekantiergefäße sind kunstvoll facettiert, um im Kerzenlicht zu funkeln.**

OBEN **Die Kuchenplatte aus geformtem Glas mit ihrem zierlichen Fuß dient hier als edle Schale für Muscheln und Kieselsteine.**

Pressglas existiert in den verschiedensten Varianten und Stilrichtungen. Besonders reizvoll kommt gepresstes Glas zur Geltung, wenn es wie hier in großer Stückzahl auf einem weißen, geklöppelten Tischtuch arrangiert ist.

Einfach, aber wirkungsvoll: Auf dem Bord über dem Bett ist vor einer weißen Wandfläche eine Sammlung von farbigen Glasflaschen mit schmalem Hals aufgereiht.

Geradezu verbüffend ist die Vielfalt von unterschiedlichen Glaswaren, was Farbe, Form und Bearbeitung betrifft: Die klassischen Farbtöne von Glas sind Rubinrot, Dunkelblau und Grün. Seit Beginn der industriellen Herstellung im 19. Jahrhundert wird Glas jedoch in nahezu allen Nuancen der Farbpalette produziert. Die Glasoberflächen können geschnitten, geschliffen, gesägt, geätzt, gebohrt, graviert oder gepresst werden.

Gerade diese Individualität in der Bearbeitung macht Glas zum idealen dekorativen Element – gleichgültig, ob die Schönheit eines Einzelstücks oder die Perfektion eines Ensembles präsentiert wird. Glas lässt sich darüber hinaus wunderbar mit anderen Materialien kombinieren. Glasobjekte eignen sich für Sammlungen, denn zu fast jeder Art von Technik und Dekor findet man moderne oder antike, preisgünstige oder erlesene Stücke.

GANZ OBEN **Köstliches farbiges Pressglas in Kombination mit üppigen Küchenkräutern – eine bestechend einfache Inszenierung für außergewöhnliche und reizvolle Gefäße.**

OBEN **Die zarte viktorianische Glasglocke, unter der einst kleine Sammlungen präsentiert wurden, zeigt heute Fundstücke vom Strand.**

Arrangement Glas auf Glas: Diese einfachen bunten Gläser kosteten nicht die Welt. Doch kommt die Sammlung aus farbigen Gläsern auf dem dezenten Glasregal ganz hervorragend zur Geltung.

Aus Ton, einem der ursprünglichsten Materialien, stellte man bereits in der Steinzeit Gefäße her, aus der feinen Porzellanerde erstmals in China vor etwa 2000 Jahren. Von Anfang an waren die Keramiker stets bestrebt, nicht nur funktionelle, sondern auch ansprechende Gegenstände zu schaffen.

Keramik

In jedem Haushalt gibt es Keramik. Sie ist so allgegenwärtig und vertraut, dass wir sie oft gar nicht mehr bewusst wahrnehmen – ob nun Gebrauchskeramik wie Schüsseln, Teller, Tassen oder Dekorobjekte wie Krüge oder Vasen, ob grobes Steinzeug, Fayencen, feine Töpferware oder erlesenes Porzellan. Keramikware mit seiner ganz eigenen Schönheit besitzt ein großes dekoratives Potenzial, das oft erst entdeckt werden muss.

Vielleicht ist es hierfür notwenig, bestimmte Gegenstände außerhalb der gewohnten Umgebung mit unverbrauchtem Blick zu betrachten – ganz so, als handle es sich um Kunstobjekte. Zurückgreifen kann man auf die Methode, die sich für Wandschmuck bewährt hat: Stellen Sie die Keramikgegenstände vor sich auf den Boden und arrangieren Sie sie auf verschiedene Weise, um herauszufinden, welches Ensemble stimmig wirkt.

LINKS GANZ OBEN **Den Charme der Porzellan-Sauciere in Fischform betonen die dazugehörigen Tellerchen, die wie ein Podest unter das Objekt gestapelt sind.**

LINKS OBEN **Wie eine Installation von Kunstobjekten stehen die drei weißen Gefäße vor dem Fenster: Im einfallenden Licht zeichnet sich ihre Silhouette scharf ab.**

OBEN **Stillleben mit weißer Suppenterrine, Glaskaraffe, weißen Salz- und Pfefferstreuern auf einem Deckchen mit Ausschnitt-Stickerei.**

LINKS **Ton in Ton: Gelungen wird diese Sammlung altertümlicher Vasen in einem Vitrinenschrank präsentiert.**

Überlegen Sie, wo das Objekt zur Geltung kommen könnte – losgelöst von seiner ursprünglichen Funktion: Eine hübsche Zuckerschale wird so vielleicht im Badezimmer für Wattebällchen oder kleine Seifen verwendet, und in einem Tonkrug finden Kochlöffel ihren Platz.

Oft liegt es auf der Hand: Eine Suppenterrine ohne Deckel ist der perfekte Übertopf für Blumenzwiebeln oder rankende Zimmerpflanzen. Krüge und Teekannen eignen sich als Vasen wunderbar, Tassen und Schalen, insbesondere bemalte, wirken als Teil eines Stilllebens auf dem Tisch sehr hübsch, und Teller kommen als Wandschmuck oder im Regal zwischen Gegenständen, die von Form und Farbe her stimmig sind, zur Geltung.

OBEN **Handgemachte Keramikteller werden in einem eigens dafür angefertigten Holzregal zur Schau gestellt.**

LINKS GANZ OBEN **Die hübsche Sammlung von Teekannen in Form verschiedener Gemüsesorten ist bereits ein perfektes Ensemble.**

LINKS MITTE **Statt einer ausladenden Obstschale macht sich hier der Suppenteller mit Zweig-Design ebenso gut.**

LINKS UNTEN **Mit Blick für das Ganze gestapelt, wirken selbst einfache Schalen und Schüsselchen sehr dekorativ.**

Keramik im Überfluss: In den Regalen der Anrichte häufen sich Tassen, Teller und Kannen, und auch auf dem Fenstersims steht ein ausladender Henkelkrug. Das Geschirr wurde so geschickt in den Regalen angeordnet, dass jedes einzelne Stück großartig zur Geltung kommt.

Kein anderer Raum birgt so viele dekorative Gegenstände und denkbare schmückende Kleinigkeiten wie die Küche. Sie ist das Herz eines Hauses und auch das ideale Experimentierfeld für gestalterische Spielereien.

Küchengerät

Früher war die Küche – vor allem auf dem Land – der Mittelpunkt des Hauses und nicht selten der einzige beheizte und behagliche Raum. Im 20. Jahrhundert trat die Funktionalität der Küche in den Vordergund – oft zulasten der Wohnlichkeit. In den letzten Jahren hat ein Umdenken stattgefunden, wozu auch der Umstand beiträgt, dass das klassische Esszimmer in Wohnhäusern an Bedeutung verliert: Die Küche wird wieder mehr und mehr zum Wohnraum, der nicht nur dem Kochen dient, sondern in dem man gemeinsam isst, Zeit verbringt und Gäste empfängt. Somit wächst das Bedürfnis nach einer Küche, die als Raum zweckmäßig und einladend ist.

Persönlicher Stil und eine ansprechende Gestaltung sind für eine Küche heute ebenso wichtig wie für jeden anderen Wohnraum. Eine Küche beherbergt bereits eine Fülle dekorativer Dinge – man muss sich nur aufmerksam umblicken: Die Rede ist von jenen Küchenutensilien, die dem Raum Kontur und Charakter verleihen.

LINKS OBEN **Ein klassischer Tellerhalter wurde zu einem Schaukasten umfunktioniert und präsentiert nun Holzteller.**

LINKS **Die Regalböden, die in die kleine Nische eingepasst wurden, sind tief genug, um eine Sammlung an Etageren, Kuchenplatten und Kompottschalen aufzunehmen. Altmodische Gläser mit Metalldeckel runden das Ensemble ab.**

RECHTS **Ein moderner offener Küchenbereich, ganz traditionell gestaltet. Das große Regal mit den tiefen Fächern grenzt den Ess- und Küchenbereich optisch ab und sorgt für eine gemütliche Atmosphäre. Im Regal wird hauptsächlich Geschirr aufbewahrt – die gestapelten Teller haben fast skulpturale Wirkung.**

Hier ist der dekorative Einsatz von Porzellan und Glas naheliegend: Besonders schöne Stücke des Alltags- oder Festtagsservices wurden immer schon auf dem Küchenbuffet oder in Regalen zur Schau gestellt. Natürlich sollte man nicht alle Küchengeräte offen sichtbar stapeln: Banale, rein zweckmäßige Gegenstände werden nicht schöner, indem man sie im Blickfeld platziert, und sollten eher in Schränken verräumt werden. Formschöne, außergewöhnliche Objekte aber lassen sich gut präsentieren – in einem Arrangement aus nostalgischen und modernen, schlichten und verzierten, einfarbigen und gemusterten Utensilien – und dies am besten so, dass die Gegenstände als Raumschmuck wirken, dennoch aber griffbereit sind.

LINKS **Das imposante Möbelstück mit praktischen Schubladen, das den Kochbereich abgrenzt, stand früher in einer Apotheke. Ein Mix aus Alt und Neu verleiht diesem Raum Charakter – angefangen von den Kupfertiegeln auf dem Bord bis zu den Utensilien auf der Kücheninsel.**

OBEN **Hier waren die Farben das Auswahlkriterium: Alle Gegenstände auf der Anrichte fügen sich in das Farbschema, in dem zartes Apfelgrün und Weiß dominieren.**

LINKS **Im Drahtkörbchen, das mit Haken an einer Metallstange über der Arbeitsfläche hängt, ist das Besteck immer schnell zur Hand.**

RECHTS **Das altmodische Geschirr wird auf stimmige Weise in einem traditionellen Küchenschrank mit Drahtgitterfenstern präsentiert.**

LINKS **Selbst Gebrauchsgegenstände wie Alltagsgeschirr lässt sich stilvoll anordnen.**

UNTEN **Küchengerätschaften aus Email besitzen nostalgischen Charme und bestechen durch ihre schlichte Form.**

RECHTS OBEN **Einfache Küchenutensilien wie diese unterschiedlich verzierten Puddingförmchen werden zum überraschenden Wandschmuck, wenn man sie wie Kunstobjekte in einem Schaukasten präsentiert.**

GANZ RECHTS OBEN **In der Küche muss Dekor nicht immer raffiniert sein: Der Blumentopf ist idealer Behälter für Besteck und Kochlöffel.**

RECHTS UNTEN **Das Durcheinander an Löffeln, Messern und Kellen bildet einen fröhlichen Kontrast zur schnörkellosen Form des Holzkastens.**

GANZ RECHTS UNTEN **Silberbesteck in »celery glasses«, die in Viktorianischer Zeit für Sellerie – damals eine Delikatesse – entworfen wurden.**

Auch Sammlungen – zum Beispiel eine Gruppe von Krügen oder Rührschüsseln – sind ein attraktiver Raumschmuck. Selbst eine Reihe alter Einmachgläser verbreitet Gemütlichkeit. Bunte oder gemusterte Tischtücher, Servietten sowie Tischsets von unterschiedlicher Größe und Form lassen leere Oberflächen auf Tischen und Küchenbars weniger dominant erscheinen.

Auch der Wandgestaltung sollten Sie Aufmerksamkeit schenken. Lange hat man Kunst aus der Küche verbannt, weil Bilder durch Dampf oder Fett beschädigt werden. Aber es müssen ja nicht gleich alte Meister sein: Auch Fotografien und Poster beleben eine Küche.

Tellerhalter und Wandregale

Das Design mancher Möbel ist so perfekt, dass es sich nicht verbessern lässt. Es ist optisch ansprechend, funktional und nutzt den vorhandenen Platz optimal. Gäbe es diese Möbel nicht, müsste man sie erfinden! Hierzu gehören der Refektoriumstisch und der Windsorstuhl – aber eben auch der bescheidene Tellerhalter und das offene Regal. Den Tellerhalter verwendet man mittlerweile nicht mehr nur als Abtropfgestell für Geschirr – auch wenn es in der Küche kaum eine bessere Möglichkeit gibt, um die Arbeitsfläche frei zu halten –, sondern auch als Schaufläche für schöne Teller und Platten. Offene Regale füllen zweckmäßig selbst Winkel oder Nischen und bieten Fläche für alles, was griffbereit stehen soll – ob Flaschen, Tassen oder Saucieren.

- Kombinieren Sie offene Regalflächen mit geschlossenen Schrankelementen, in denen weniger attraktive Küchenutensilien verräumt werden. Reservieren Sie die Regalflächen für Ihre Schmuckstücke.

- Regalwände wirken oft monoton. Variieren Sie daher die Höhe der Regalböden oder kombinieren Sie schmale Regale mit anderen Möbeln.

- Tellerhalter muss man nicht zwangsläufig über dem Ausgussbecken anbringen: Beispiele zeigen, dass eine breite Halterung auch großartig den Aufsatz einer Anrichte ersetzt.

- Besonderen Effekt erzielt man mit gläsernen Regalböden vor einem Fenster. Das Regal und die darauf arrangierten Gegenstände scheinen zu schweben.

- Regale sind vielseitig: Sie lassen sich über einer Tür montieren, als umlaufendes Bord an den Küchenwänden oder an der Wand eines Korridors.

LINKS **Farbenfrohe Teller und ein Tablett mit buntem Blumendekor wurden so platziert, dass man sich an ihrem Anblick freuen kann und sie gleichzeitig griffbereit hat.**

RECHTS **Ein hübscher Blickfang muss nicht teuer sein: Die gestapelten farbigen Wassergläser und allerlei asiatischer Kitsch werden auf dem Regal zum eigenständigen Raumschmuck.**

Ein dezenter, eleganter Wandschmuck: Auf schwarz lackierten Regalböden sorgen opake und klare Gläser sowie große Vasen für einen Blickfang in der Küche.

Leuchtende Farben und Dekors bringen gute Laune und Lebendigkeit in Zuhause und Alltag. In keinem anderen Raum wird dies so offensichtlich wie in der Küche.

Farbakzente in der Küche

In einer Küche, in der man täglich emsig beschäftigt ist, braucht man ein angenehmes Arbeitsumfeld. Farbe spielt hier eine wichtige Rolle. Ideal sind neutrale Schränke und Arbeitsflächen in Verbindung mit Farbakzenten, zum Beispiel in Form von frischem Obst und Gemüse, Pflanzen, Bildern, Küchengeräten, Porzellan- und Glaswaren. Farben in der Küche sorgen für eine freundliche Atmosphäre und wecken Assoziationen von Genuss und Wärme. Übertreiben aber sollte man es nicht und vielleicht nur ein Paneel oder eine Wand in einer leuchtenden Farbe streichen oder ausschließlich mit Gefäßen, Kissen oder Tischwäsche Farbakzente setzen. In einer kleinen Küche beschränken Sie sich am besten auf einen kräftigen Farbton und wählen Chrom und Edelstahl für die wesentlichen Küchengerätschaften.

Eine kräftige Farbe genügt, um die Langeweile aus einer kleinen Küche zu verbannen: Die Farbe Orange für Accessoires und Töpfe setzt hier wirkungsvolle Akzente.

Wohnbereiche

Sind Sie glücklicher Besitzer einer offenen Feuerstelle in einem Ihrer Wohnräume, steht Ihnen mit dem Kamin und dem Kaminsims die perfekte Kulisse für eine vielseitige dekorative Gestaltung zur Verfügung.

Offener Kamin und Kaminsims

Im 19. Jahrhundert – vor der Einführung von Zentralheizungen – gab es noch in nahezu allen Häusern einen offenen Kamin. Seine Dekoration sowie die des Kaminsimses folgte einer weithin verbreiteten Konvention. Es war üblich, dass Ziergegenstände auf die gesamte Länge des Simses verteilt – stets in perfekt symmetrischer Anordnung – aufgestellt wurden. Dazu gehörte meist ein Spiegel, flankiert von Kerzenleuchtern, Figürchen, Tierskulpturen und vielleicht einer Vase mit Blumen.

Wenn heute überhaupt noch ein offener Kamin vorhanden ist, so besteht diese Dekorationsnorm nicht mehr. Eher wird ein Kamin als etwas störend empfunden – als unnötiges Loch in der Wand, das einen ansonsten anderweitig nutzbaren Platz okkupiert.

LINKS OBEN **Das Sammelsurium – wohl überlegt auf der gesamten Länge des Kaminsimses angeordnet – bildet einen gelungenen Kontrast zu der schlichten, fast schon streng wirkenden Kamineinfassung in Weiß.**

LINKS **Wirkungsvoll greift die originell auf dem Sims arrangierte Sammlung bunter Glasgefäße die ausdrucksstarken Orange- und Gelbtöne des großen Fotodrucks über dem Kamin auf.**

RECHTS OBEN **Eine Kamineinfassung aus unterschiedlich gefärbten Hölzern, die bewusst roh belassen sind, wird zur stimmigen Kulisse für eine Sammlung von unterschiedlichen Holzobjekten.**

RECHTS **In diesem Zimmer mit seiner altertümlichen Holztäfelung nimmt die Einfassung des Kamins bereits einen Großteil der Wand ein. Deshalb ist der Schmuck auf dem Kaminsims betont zurückhaltend und dezent.**

03

2

Ursprünglich war die Feuerstelle der Mittelpunkt einer Wohnstätte. Am Feuer war es behaglich warm und gemütlich auch im übertragenen Sinn, denn hier befand sich der Ort für Geselligkeit und Gastfreundschaft.

Heute besitzt ein Kamin immer noch eine natürliche Anziehungskraft. So ist der Kamin auch ein perfekter Platz, um Sammlungen in Szene zu setzen. Der Kaminsims bildet dabei eine hervorragende Schaufläche für geliebte und einzigartige Schätze, denn meist befindet er sich in Sichthöhe und ist so im Raum positioniert, dass er ganz selbstverständlich zum Blickfang wird.

Einem Sammler bietet der Kaminsims die Möglichkeit, Lieblingsstücke auf eine eher beiläufige, unaufdringliche Weise auszustellen. Wichtig sind dabei allerdings die stimmigen Proportionen – zum einen die Höhe der inszenierten Objekte selbst sowie ihr Verhältnis zum Kamin darunter und zur Zimmerhöhe insgesamt. Man kann auch noch einen Schritt weitergehen und die gesamte Kaminwand in die Gestaltung miteinbeziehen.

OBEN UND LINKS **Die auf dem Kaminsims arrangierte Sammlung von unterschiedlichen Gegenständenn kommt in diesem schlicht eingerichteten Zimmer schön zur Geltung. Im Mittelpunkt steht ein Spiegel. Diverse Gegenstände wie die ornamentierten Gipsmodel für Ofenkacheln sowie die alte Eisenschere, wurden wegen ihrer interessanten Form gewählt.**

RECHTS **Vor der effektvollen Tapete in Silber und Blau mit opulentem Blumendekor sind auf dem Sims skurrile Porzellanobjekte aufgereiht.**

Wie durchdacht das Arrangement ist, erschließt sich vielleicht erst auf den zweiten Blick: Der gepunktete Krug auf dem Kaminsims beispielsweise stellt wirkungsvoll eine optische Verknüpfung zu dem Muster des Überwurfs und zu dem Bezug des Kissens auf dem Sessel her.

Konsequente Studie in Weiß: Jedes Gestaltungselement in diesem stimmigen Arrangement wurde ganz bewusst wegen seiner Farbe und schlichten Form gewählt. Der große Spiegel mit seinem weiß lackiertem Rahmen reflektiert den Raum und lenkt den Blick nach oben.

LINKS Der alte Kanonenofen in der Kaminöffnung gab den Ton an bei der Auswahl der nostalgischen Gegenstände auf dem Kaminsims.

LINKS UNTEN Auf dem rohen Holzbalken über der schlichten Feuerstelle sind stimmigerweise nur wenige ebenso schlichte Objekte platziert.

UNTEN Form und Oberfläche von Kamin und Objekten fügen sich hier zu einem fast skulpturalen Ensemble.

Spiegel oder Gemälde lenken dabei den Blick nach oben auf die Fläche über dem Kaminsims. Ein direkt über dem Kaminsims hängender Spiegel verleiht dem Raum zusätzliche Weite, indem er die vor ihm stehenden Gegenstände reflektiert.

Maßgeblich für eine gelungene Gesamtwirkung sind die richtigen Proportionen. Der Wandschmuck über einem Kaminsims muss mit den Dimensionen des Kamins darunter in Einklang stehen; zudem sollte der Schmuck an der Kaminwand so ausdrucksstark sein, dass er sich gegen die gähnende, dunkle Kaminöffnung optisch durchsetzen kann. Und falls Sie die Kaminöffnung in den Sommermonaten mit etwas anderem füllen, so muss auch dies bei der Gestaltung der Kaminwand berücksichtigt werden. Schließlich ist die dunkle Kaminöffnung ebenfalls ein Teil des Gesamtbildes, das sich einem Besucher beim Betreten des Raumes bietet.

Der Stil des Kamins, das heißt des Simses und der Einfassung, beeinflusst stets die Wirkung der Gegenstände, die auf dem Kaminsims stehen. Eher klobige Objekte kommen auf einem rohen Holzsims besser zur Geltung als filigrane – und mit der Optik eines edlen Kamins im klassizistischen Stil Robert Adams (1728–1792) harmonieren ebenfalls nicht alle Schmuckobjekte.

Das heißt jedoch keinesfalls, dass ein Kamin aus dem 18. Jahrhundert nur stilecht mit Ziergegenständen derselben Herkunft und Epoche dekoriert werden sollte. Kontraste können durchaus belebend wirken, solange Stil und Ausdruckskraft harmonieren. Und noch etwas: Kleine Bilder gewinnen interessanterweise an Wirkung, wenn sie direkt auf dem Sims stehen, so dass man sie wie »Nahaufnahmen« betrachten kann.

Auch die Beleuchtung nimmt gestalterisch Einfluss: Elektrische Wandleuchten bieten sich an, sollten jedoch so neben dem Kamin positioniert sein, dass der Sims von oben angestrahlt wird und gleichzeitig der Raum von der zusätzlichen Lichtquelle profitiert. Als direkte Beleuchtung auf dem Sims eignen sich Stehlampen. Ganz tradionell aber sind Kerzenhalter, ob als Gruppe oder in Gestalt von zwei imposanten Leuchtern.

OBEN Das zwanglose Arrangement auf dem Sims und der klassische konvexe Spiegel in ovaler Form entsprechen vollkommen dem Stil der Kamineinfassung. Die leere Kaminöffnung kaschiert auf originelle Weise eine Schablone mit stilisierter Flammenattrappe.

LINKS Mit ausgesuchtem Geschmack wurde hier ein wahres Stillleben an der Kaminwand geschaffen. Jedes Objekt – ob Bild oder figürlicher Schmuck – ist sorgfältig in Form und Stil auf den klassischen Kamin mit dem Ornamentfries abgestimmt. Das Arrangement erstreckt sich auch auf die Wand zu beiden Seiten des Kaminsimses.

RECHTS Behaglicher Kaminplatz: Ein antiker Spiegel mit geschnitztem Rahmen hängt direkt über dem Sims. Allerlei persönliche Erinnerungsstücke sind zu sehen – in den Spiegelrahmen gesteckt oder auf dem Sims platziert. Figuren in Holz und Gips an den Enden des Simses flankieren den Spiegelrahmen.

Für Menschen mit vielen Büchern bietet es sich an, selbst den Platz über dem Türstock für Regale zu nutzen. Die geschlossene Bücherwand wird so zu einem architektonischen Element des Raumes.

Wirkt ein Raum kühl oder unpersönlich, fällt oft die Bemerkung, er wirke »unbewohnt«, weil keine Bücher zu sehen seien. Bücher verleihen Räumen persönlichen Ausdruck.

Leben mit Büchern

In vieler Hinsicht können alte wie neue Bücher den Charakter eines Raumes mehr prägen als jedes dekorative Element. Das Schlüsselwort heißt hier »Persönlichkeit«: Denn egal, wie optisch ansprechend die Vielfalt an farbigen Buchrücken, unterschiedlichen Formaten und Umschlaggestaltungen auch ist – ihre größte Anziehungskraft erhalten Bücher in einem Raum letztlich durch die Tatsache, dass sie zum persönlichen Besitz der Bewohner zählen, die sich nicht nur gern mit ihren Büchern umgeben, sondern sie auch gelesen haben. Solche Bücher besitzen eine besondere Ausstrahlung. Sie fehlt den Büchern jedoch, die lediglich wegen ihrer ausgefallenen Optik gekauft wurden, oder um bewundert statt tatsächlich gelesen zu werden.

LINKS GANZ OBEN **Das schlichte Regal wurde weit oben an der Wandfläche angebracht und entspricht in seinen Maßen dem darunterstehenden Sofa.**

LINKS OBEN **Nicht nur der Inhalt von Büchern bereitet Freude. Ein optischer Genuss sind die unterschiedlichen Umschläge. Geschickt zusammengestellte Bücherstapel wirken als Blickfang.**

OBEN **Ein Design-Klassiker: Auf dem formbaren Wandregal werden die Bücher von Metallstützen gehalten.**

LINKS **Der ideale Stauraum für Bücher – praktisch, mobil und clever. Man könnte das Möbel als »Bücherbank« beschreiben: Im unteren Fach werden Bücher verstaut, während man die Fläche darüber wie einen Tisch zum Abstellen von Kaffeetassen und Gläsern nutzen kann.**

RECHTS **Eine geschickte und gestalterisch gelungene Planung schafft hier zusätzlichen Stauraum für Bücher. Der breite Durchgang zwischen zwei Räumen wurde mit Einbauregalen zur Mini-Bibliothek umgewandelt, die sich zu beiden Seiten des Durchgangs fortsetzt.**

Eines vorab: Die Anordnung von Büchern, ob in Regalen oder auf Ablagen, sollte nicht zu gekünstelt sein. In bunter Fülle wirken Bücher weitaus attraktiver, als wenn sie mit militärischer Präzision aufgereiht, ordentlich wie Pullover nach Farben sortiert und gestapelt oder streng nach Formaten geordnet werden. Bücher wollen wahrgenommen werden. Sie kommen am schönsten zur Geltung, wenn man sie nach einer lockeren, persönlichen Systematik zusammenstellt und sie dabei nicht nur in Bücherregale schiebt, sondern auch auf dem Tisch oder selbst auf dem Boden präsentiert. Bücher müssen ja nicht wie in einer Bibliothek griffbereit im Regal stehen: Die Bände zu sehen und somit zu wissen, dass sie »da sind«, genügt bereits.

Egal, wo Sie Bücher aufbewahren: Wesentlich ist eine ordentliche, wie auch immer geartete Systematik und ein pfleglicher Umgang mit den Bänden. Es ist kein besonders ästhetischer Anblick, wenn man Bücher achtlos herumliegen sieht, womöglich mit aufgeschlagenen Seiten unter einen Bücherstapel geklemmt. Dies ist Ausdruck mangelnden Respekts für die Werke und schier unerträglich für einen Buchliebhaber.

GOYA
LEONARDO
WILIGELMO
LA NUOVA ENCICLOPEDIA MEDICA GARZANTI
LES MAITRES PENSEURS

MAPPLETHORPE
JONATHAN FRANZEN
MARTHA
THE LAST MUSEUM
CALL IT SLEEP
GANDHI
becomingmyself
WILLA SHALIT
NANCY KLINE
THE ART OF HAPPINESS
A COURSE IN MIRACLES

LINKS **Für kleine Räume gelungen: Ein herkömmliches Regal für größere Bände wurde um ein zweites, maßgefertigtes Regal ergänzt, das vom Bett aus den Zugriff auf die handlicheren Bücher erlaubt.**

RECHTS **Die kunterbunte Bücherwand spiegelt sich raffiniert in der Spiegeltür.**

RECHTS UNTEN **Diese soliden, extrem zurückhaltenden Regale aus Metall können an Metallschienen überall dort an die Wand geschraubt werden, wo ein Plätzchen frei ist. Hier hängen sie zu mehreren in einem modernen Loft.**

Viele Bücherfreunde fragen sich verzweifelt, wo sie ihre ständig wachsende Sammlung unterbringen sollen. Um das Problem zu lösen, sollten auch unkonventionelle Möglichkeiten in Betracht gezogen werden. Bücher müssen ja nicht in Bücherschränken aufbewahrt werden. Jede freie Wandfläche – ob über einer Tür oder in einem Korridor – bietet Platz für Bücher. Auch in die Laibung einer zugemauerten Tür lässt sich ein flaches Regal für Taschenbücher einpassen oder an der ungenutzten Wandfläche über einem Schrank ein Bord für großformatige Bände anbringen. Auch als Lampentischchen dienen Bücherstapel neben Sofas oder Sesseln.

Bücher verleihen Räumen eine behagliche Atmosphäre. Ein klassisches Esszimmer mit großem Tisch wird duch unterschiedlich hohe Bücherstapel, vielleicht in Kombination mit einer Lampe und einer Schale mit Blüten, zum einladenden Ort, an dem man sich zu jeder Tageszeit gern aufhält. Wird der Raum nur gelegentlich genutzt, lässt sich dort wunderbar eine Bibliothek einrichten. Schließlich geht nichts über ein stilvolles Abendessen bei Kerzenschein, umgeben von Büchern.

Begreift man Bücher als Schmuck, dann sind offene Regale und Bücherschränke der dazu passende Rahmen: Um Bücher auf eine zwanglose Art in Regale zu ordnen, kann man die Bände auf den Regalböden in unterschiedlich breiten und hohen Blöcken stapeln, manche Bücherstapel aufstellen, wieder andere legen.

Die Regalfächer füllen Sie am besten nicht alle mit Büchern, sondern stellen in manche eine Pflanze oder ein Gefäß. Bei einem Holzmöbel ergibt sich ein hübscher Effekt, wenn Sie die Innenseiten in einem dunkleren Ton lackieren, um den Rahmencharakter zu betonen. Auch durchgehende Regalböden müssen nicht monoton wirken: Lockern Sie die Buchreihen mit dekorativen Details auf und nutzen Sie die Regalbretter und Bücher als Kulisse für Objekte – für ein Kästchen oder eine kleine Figur oder Skulptur. Reizvoll sind auch Fotografien, Drucke oder Gemälde zwischen den Bücherreihen. Hängen oder stellen Sie Bilder in die Regale oder nutzen Sie die vertikalen Regalbretter als Aufhängung – das mag zwar den Platz für Bücher einschränken, ist jedoch wirkungsvoll, da es die Regale in das Gestaltungskonzept des Raumes einbindet.

LINKS OBEN **Der maßgefertigte klassische Bücherschrank mit Regalen oben und vertäfelten Schranktüren unten beherbergt eine verblüffende Menge an Büchern. Auch auf dem Schrank sind Bücher aufgereiht.**

GANZ OBEN **Urspünglich befand sich hier eine Kaminöffnung. Nun wird die Nische zur dekorativen Präsentationsfläche für gesammelte Exemplare einer Buchreihe.**

OBEN **Selbst in einer ungünstig geschnittenen Mansarde findet sich irgendwo Platz für ein Bücherregal. Hier sind die Bände auf einem Bord direkt unter der Dachschräge aufgereiht.**

RECHTS **Eine klassische Raumgestaltung des 20. Jahrhunderts: Auch das solide und funktionelle Bücherregal sowie die besondere Anordnung der Bücher im Regal bilden keine Ausnahme.**

GANZ LINKS **Lampe oder Kunst? Dieser witzige und raffinierte Schirm für die Deckenleuchte einer Küche verbindet auf originelle Weise ungewöhnliche Form und Funktionalität.**

LINKS **Die klassischen Pendelleuchten, deren Höhe sich mittels Flaschenzug verstellen lässt, sind für den Essplatz ideal: Sie leuchten den Tisch an und nicht die Gäste.**

GANZ LINKS UNTEN **Der formschöne Lampenfuß aus geblasenem Glas bildet mit den weißen Porzellanvasen ein edles Arrangement.**

LINKS UNTEN **Funktional, aber deshalb nicht minder dekorativ wirken diese beiden Gelenklampen, die in einem Arbeitszimmer auf ungewohnte Weise an der Wand statt auf einer Tischplatte montiert wurden.**

Eine Gruppe von Gläsern mit Teelichten sorgt ohne großen Aufwand für eine reizende Tischbeleuchtung.

Bei der Wahl des richtigen Lichts und der passenden Lampen für einen Raum spielen nicht nur dekorative, sondern auch praktische Kriterien eine Rolle.

Beleuchtung

Das Thema Beleuchtung ist mittlerweile komplex und von ständigen Neuerungen geprägt. Für Lichtdesigner, die sich gleichermaßen auf die komplizierte Technik wie die Kunst der richtigen Beleuchtung verstehen, ist es eine Selbstverständlichkeit, die Raumbeleuchtung als ein Element im gesamten Raumkonzept zu betrachten, ebenso wie man auch die Farben oder das Mobiliar eines Raumes aufeinander abstimmt.

Die Beleuchtungskörper in einem Raum haben stets eine doppelte Funktion: Sie sind primär Lichtquelle, welche die Ausleuchtung eines Raumes zu unterschiedlichen Tageszeiten mitbestimmt, gleichzeitig aber auch ein mehr oder weniger schmückendes Objekt.

Eine Lichtquelle kann dabei einerseits zweckmäßig – sogenanntes Arbeitslicht sein – aber darüber hinaus auch als sogenanntes Umgebungslicht zur Hintergrundbeleuchtung beitragen und damit einem Raum Wärme und Charakter verleihen.

Eine verstellbare Stehlampe ist der unverzichtbare Partner für einen bequemen Sessel. Die schlanke Lampe wirkt elegant, ohne sich optisch in den Vordergrund zu drängen.

OBEN **Die Designerleuchte mit dem Fuß in Form eines durchsichtigen Glaszylinders passt perfekt zu den abgerundeten Keramikobjekten.**

RECHTS OBEN **Auf dem weiß lackierten Tischchen bildet der grazile Leuchter mit den herabhängenden Glastropfen einen effektvollen Kontrast zu den schlichten weiß glasierten Keramikkrügen.**

RECHTS **Diese drei Deckenlampen in verschiedenen runden Formen scheinen im Raum zu schweben: Sie wurden unterschiedlich hoch aufgehängt und beleuchten ein Treppenhaus.**

Jede Lampe sollte innerhalb des Raumkonzeptes optisch zur Geltung kommen und gleichzeitig mit ihrem Licht zum ansprechenden Gesamtbild beitragen. Achten Sie auf stimmige Proportionen: Damit eine Tischlampe wirkt, muss sie in Größe und Form mit der Fläche harmonieren, auf der sie steht. Kronleuchter wirken besser, wenn sie etwas tiefer hängen, und Stehlampen dürfen im Verhältnis zum Mobiliar nicht zu dominant sein oder die Bewegungsfreiheit im Raum einschränken.

Für jeden Raum und Zweck findet sich die geeignete Beleuchtung wie Tischleuchten, Wandstrahler, Stehlampen, Kronleuchter oder Kerzenleuchter. Sie können antik oder neu, einfache Ausstattungs- oder Designerware sein. Probieren Sie eine Lampe zunächst an unterschiedlichen Stellen des Raumes aus, um herauszufinden, wo sie die bestmögliche Wirkung erzielt. Arbeiten Sie dabei zur Regulierung der Helligkeit mit Dimmern.

Die funkelnde Pracht eines Kronleuchters weiß man wieder zu schätzen: Diesen herrlichen Lüster zieren neben klaren auch wenige rubinrote Glastropfen. Der Leuchter ist so aufgehängt, dass er auch im großen Spiegel über dem Kamin zu sehen ist.

Wandlungsfähige Lampenschirme

Professionelle Raumgestalter wissen, dass außer Kissen auch Lampenschirme das Erscheinungsbild eines Zimmers verändern. Mit Lampenschirmen verhält es sich ein wenig wie mit der Rocklänge: Selbst kaum wahrnehmbare Veränderungen beeinflussen durchgreifend die Gesamtwirkung. Wie man den Rocksaum um wenige Zentimeter kürzt oder herauslässt, so tauscht man bei einer Lampe einen zylinderförmigen Schirm gegen einen glockenförmigen aus oder eine runde gegen eine rechteckige Form. Oft bestimmen kleine Modifikationen der Silhouette den Stil einer Lampe und ihre dekorative Wirkung. Darüber hinaus bewirkt auch Farbe wahre Wunder. Mit cremefarbenen Schirmen – ob aus plissierter Seide, aus Karton oder Pergament, liegt man zwar richtig, doch sie wirken immer ein wenig fad. Wagen Sie sich an Farbe und Muster – Lampen sind nicht nur Zweckgegenstände, sondern auch Raumschmuck!

- Kontrastierende Oberflächen sind ein Muss: Ist der Lampenfuß aus Metall, dann suchen Sie nach einem Schirm aus einem weichen Material.
- Unterfüttert man den Schirm mit farbigem Seidenstoff, entseht je nach Farbton ein weicheres oder satteres Licht.
- Lampen lassen sich leicht verzieren: Eine bunte Litze als Bordüre um den Schirm drapiert oder Glastropfen, die vom Schirm herabhängen, müssen ja kein dauerhafter Schmuck sein. Charmant wirken für eine gewisse Zeit auch Schmetterlinge oder Vögel zum Anklemmen ebenso Perlenschnüre, die wie Girlanden um den Schirm gelegt werden.
- Mehrere Tischlampen in einem Raum sollten unterschiedlich hoch angebracht sein, um eine eintönige Beleuchtung auf nur einer Ebene zu vermeiden.

Sammlungen und Schmuckobjekte

In jedem von uns steckt ein Sammler, es ist uns oft nur nicht bewusst. Jede noch so kleine Sammlung verdient es, so vorteilhaft wie möglich ausgestellt zu werden.

Originelle Sammlungen

Was man alles über die Jahre an unterschiedlichen Dingen sammelt – ob absolut Praktisches oder bloßen Zierrat – lässt sich wunderbar für die Raumgestaltung nutzen, denn jede Sammlung besitzt eine einzigartige visuelle Ausdruckskraft.

Prüfen Sie zuerst, was Sie gesammelt haben: Es mag sein, dass Ihre Sammlung nur aus wenigen gleichartigen Stücken besteht, die Ihnen gefallen, wie die bedruckten Stofftäschchen und die Halsketten, die hier zu sehen sind. Vielleicht haben Sie aber auch über Jahre gezielt bestimmte Kunstobjekte zusammengetragen. Sammlungen bestehen nicht zwangsläufig aus Dingen einer Gattung oder eines Herstellers. Ebenso gut umfassen sie Gegenstände aus einer besonderen Epoche

OBEN **Einfacher geht es nicht: Taschen aus altem, unterschiedlich bedrucktem Chintz hängen an einer altmodischen Wandgarderobe.**

LINKS **Das niedrige rustikale Holzbänkchen ist eine wunderbare Bühne für die kleinen gedrungenen Holzobjekte.**

RECHTS **Gelungenes Wechselspiel: Die Halskettchen aus bunten Glasperlen unter dem Bord und die Sammlung farbiger Glasvasen darauf ergänzen sich perfekt.**

Eine künstlerisch wertvolle Sammlung sollte entsprechend präsentiert werden: In diesem offenen Regal erhielt jede der erlesenen Keramikskulpturen durch ein eigenes Regalfach ihren angemessenen Rahmen.

wie dem Art déco oder der Georgianischen Ära (1760–1830), aus einem bestimmten Material wie Holz, Keramik oder Elfenbein oder solche, die in einer speziellen kunsthandwerklichen Technik gearbeitet sind wie gedrechseltes Holz oder geätztes Glas. Für jede Sammlung muss individuell die beste Inszenierung gefunden werden.

Die Kunst des Sammelns ist eng verbunden mit der Kunst des Präsentierens. Jeder Sammler möchte sich an seiner Kollektion erfreuen. Sie soll gesehen, ja bewundert werden, und nicht hinter Schranktüren oder in Kartons verstauben. Holen Sie Ihre Schätze hervor und überlegen Sie, auf welche Weise sie zur Wirkung kommen!

OBEN **Charme und Schönheit von Alltagsgegenständen verbreiten eine behagliche Stimmung in jedem Raum. Diese Sammlung irdener Kannen und Krüge wird auf originelle Weise in einer »Vitrine« aus Kisten präsentiert.**

RECHTS **Antike Elfenbein-Utensilien aus einem Ankleidezimmer – darunter Bürsten und Handschuhspanner – liegen vor dem Spiegel einer antiken Frisierkommode aus.**

GANZ RECHTS **Die hölzernen Leisten für Schuhe und Handschuhe bilden einen hübschen Kontrast zu der alten geflochtenen Brotform.**

Reizvoller Wandschmuck: Die Handspiegel in unterschiedlichen Größen und Materialien stammen aus verschiedenen Epochen. Manche Spiegel hängen mit dem Griff nach oben oder unten, manche zeigen die Spiegelfläche, andere ihre verzierte Rückseite.

Stil und Vorlieben der Präsentation haben sich im Lauf der Zeit immer wieder grundlegend verändert. Bis zu Beginn des 20. Jahrhunderts behängte man Wände fast lückenlos bis knapp unter die Decke mit Gemälden. Keramikgefäße oder Skulpturen wurden dicht nebeneinander aufgereiht, damit man nicht nur ihre Schönheit, sondern auch den Reichtum an Stücken bewunderte. Heute lieben wir eine schlichtere Präsentation. Wichtig ist vor allem das Gefühl von Großzügigkeit und Platz, welches bereits durch die Einrichtung des Raumes betont wird. Für Sammlungen bedeutet dies, dass der Raum zwischen den Stücken ebenso wichtig ist wie die optische Ausgewogenheit der Sammlung insgesamt.

OBEN **Gelungenes Arrangement: Die alten Model für den Handdruck von Stoffen sind durchweg Unikate. Sie wurden hier zu einer ansprechenden Komposition zusammengefügt, die fast an ein modernes Gemälde erinnert. Ein Stempel allein würde längst nicht diese starke Wirkung erzielen.**

LINKS **Kontrastreich, aber ausgewogen: Die Wirkung der wuchtigen Flaschen aus Silberglas auf dem Schrank wird von den locker gestapelten Textilien im Inneren des Schrankes ausgeglichen.**

RECHTS **Helldunkel-Effekt: Der Vitrinenschrank bildet den Rahmen für die beiden farblich miteinander kontrastierenden Sammlungen.**

Rahmenbedingungen für die effektvolle Ausstellung einer Sammlungen sind der Raum, stimmige Proportionen und die Beleuchtung. Jedes Stück der Sammlung sollte nicht nur mit den übrigen Teilen der Kollektion harmonieren, sondern auch im Einklang mit dem Mobiliar und den Schmuckobjekten des Raumes stehen.

Am besten wirken Stücke einer Sammlung als Gruppenarrangement. Gemeinsam bilden sie einen Körper im Raum, der anderen Einrichtungselementen ebenbürtig ist. Dabei sollte zwischen den einzelnen Stücken eine visuelle Verbindung bestehen, denn nur so wird das Thema der Sammlung sichtbar und treten die Unterschiede und reizvollen Varianten vor Augen. Mit einem harmonischen Abstand zwischen den einzelnen Stücken der Sammlung hebt man ihre Gemeinsamkeiten stärker hervor als mit einer gedrängten Anordnung.

Die Sammlung unterschiedlicher weiß glasierter Gefäße mit Reliefschmuck gewinnt aufgrund ihrer Vielzahl und Vielfalt an Ausdruck.

LINKS OBEN **Die kleinteilige Komposition aus ausgefallenen Naturalien und Artefakten mit Naturbezug wirkt gerade so, als hätte sie ein Maler als Vorlage für ein Stillleben kunstvoll in diesem alten Holzregal arrangiert.**

UNTEN **Die Sammlung rot-weiß gemusterter Haushaltstextilien ist liebevoll diesem alten Schrank ausgestellt.**

RECHTS **Haushaltswäsche – im Wäscheschrank praktisch und ästhetisch präsentiert.**

Schlicht, aber effektvoll wird diese umfangreiche Kollektion von Suppenterrinen aus Porzellan hier ausgestellt: Die Variationen der Gefäße lassen sich so eingehend betrachten.

Sammlungen mit kleinteiligen Stücken oder solchen, die für sich allein genommen unauffällig sind, gewinnen an Ausdruckskraft, wenn sie als Ganzes ausgestellt werden. Bestehen sie aus größeren Gegenständen, so benötigt jedes einzelne Stück ausreichend Platz für sich, damit es zur Geltung kommen kann. Als Faustregel gilt: Je kunstvoller verziert und komplexer ein Stück, desto mehr Raum zum Atmen benötigt es. Großformatiges benötigt ebenbürtige Objekte in der Umgebung, und ausdrucksvolle Stücke sollten besser als Einzelstücke an unterschiedlichen Plätzen zur Schau gezeigt werden.

Die unmittelbare Umgebung ist ebenso wichtig – ob es nun die Fläche ist, auf der die Stücke angeordnet sind, oder der Hintergrund, vor dem sie stehen. Helle Objekte wirken vor dunklem Hintergrund und umgekehrt; strukturierte Oberflächen bilden einen gelungenen Kontrast, solange sie nicht von den Objekten ablenken.

UNTEN **Ansprechende Komposition: Die beiden Büsten aus weißem Ton wurden mit weiß glasierten runden und ovalen Tellern kombiniert.**

RECHTS **Ein meergrünes Stillleben: Keramikvasen mit einer jadegrünen Seladonglasur rahmen das Seestück.**

UNTEN **Alte Porzellanplatten mit Goldrand wurden im gleichmäßigen Abstand zueinander an der Wand präsentiert. Die Gemeinsamkeiten und Unterschiede werden somit deutlich sichtbar.**

Oft gewinnt eine Sammlung erst in Kombination mit einer anderen an Effekt – allerdings nur dann, wenn zwischen den Kollektionen thematisch oder visuell ein Bezug besteht. Spielen Sie bei der Kombination von Sammlungen mit kontrastierenden Materialwirkungen und verbinden Sie harte mit weichen, kühle mit warmen Materialien. Eine gelungene Präsentation ist letztlich eine Frage des ausdrucksstarken Nebeneinanders. Das ist nicht so schwierig, wie es klingen mag, denn die meisten Sammlungen – sofern es sich nicht gerade um so ausgefallene Objekte wie Dampfmaschinen oder Dinosaurierskelette handelt – können solange an unterschiedlichen Plätzen ausgestellt werden, bis ein zufriedenstellendes Arrangement gefunden ist.

OBEN **Teedosen mit farbenfrohen, fantasievollen Motiven bilden aufgereiht auf einem Küchenbord einen fröhlichen Blickfang.**

RECHTS **Selbst rein zweckmäßige Gegenstände wie diese alten Hutformen werden in der Gruppe zum heiteren Dekor. Auf der grünen Wand zwischen zwei Fenstern lenkt das Arrangement unweigerlich die Aufmerksamkeit auf sich.**

LINKS **Farbe und Epoche einen diese Sammlung. Die Stücke, die vorwiegend aus den 1950er Jahren stammen, sind so arrangiert, dass sich innerhalb der Fächer sowie insgesamt ein harmonisches Bild ergibt.**

OBEN **Farbige Glaswaren wirken meist als Gruppenarrangement – und besonders schön auf einem Fenstersims, wo sich im einfallenden Licht ihre Silhouette abzeichnet.**

Stillleben mit kleinen, schönen Gegenständen, die auf einem Tisch für jeden sichtbar arrangiert sind, bereiten Freude und lassen Dinge zur Geltung kommen, die sonst vielleicht in Schränken verstauben würden.

Kleine Tischlandschaften

David Hicks (1929–1998), einer der bekanntesten Raum- und Einrichtungsdesigner des 20. Jahrhunderts, prägte den Begriff »Tischlandschaften« (»tablescapes«) für Arrangements kleiner, oft bunt zusammengestellter Gegenstände auf einem Tischchen oder einer niedrigen Abstellfläche. Hicks setzte ungewöhnliche Farb- und Materialkontraste bei der Gestaltung von Interieurs ein, was zu seiner Zeit als neuartiger Stil Aufsehen erregte. Mit seinen Tischlandschaften wollte er den Betrachter dazu bringen, die ausgewählten Objekte mit neuen Augen zu sehen.

Hicks durchdachte Arrangements basierten auf der Ausgewogenheit zwischen unterschiedlich gewichtigen und unterschiedlich großen Objekten. Vor allem aber faszinierte ihn das Nebeneinander von Ungewöhnlichem und Unerwartetem. Diese Art der Kombination von Gegenständen verfehlt auch heute ihre Wirkung nicht. Hicks veränderte seine Stillleben immer wieder, oft täglich, um in einem Raum stets etwas Neues, Lebendiges und Interessantes zu finden.

OBEN **Die hier ausgelegten Gegenstände greifen die Farben des alten Schachtischchens auf. Die kleine Frauenfigur aus Ton sitzt auf einem Podest aus zwei alten Büchern.**

LINKS **In dem feminin gestalteten Zimmer wirkt die Ecke mit Porträts des 18. Jahrhunderts, Büchern, Bändern und einem Parfümflakon fast poetisch.**

RECHTS **Mit sicherer Hand wurde auf dem Aufsatz und der Schreibfläche des Sekretärs ein abwechslungsreiches Stillleben geschaffen. Eine Sammlung von Tierfiguren und alten Fotografien in kunstvollen Rahmen haben hier ebenso ihren Platz gefunden wie eine Uhr und ein Album mit Ledereinband aus der Viktorianischen Zeit.**

Wir haben fast alle irgendwelche vergessenen Schätze in unseren Schränken: einzelne Porzellangefäße, einen Kerzenleuchter, zu dem einmal ein zweiter gehörte, ein hübsches Kästchen, das zu klein ist, um irgendetwas darin aufzubewahren – alles Dinge, die wir nicht etwa in den Schrank geräumt haben, weil sie uns nicht gefallen, sondern schlicht und einfach deshalb, weil wir nicht wissen, was wir damit anfangen sollen oder wie wir sie entsprechend zur Geltung bringen können. Holen Sie also zunächst einmal dieses Sammelsurium hervor und betrachten Sie die Stücke leidenschaftslos, so wie man Gemälde betrachtet, wenn man noch nicht weiß, wo sie platziert werden sollen. Beginnen Sie dann, die Dinge in lockeren Gruppen zu arrangieren, um herauszufinden, welche Kombination Ihr Interesse weckt und reizvoll wirkt. Vielleicht haben Sie zwei Porzellantassen, eine weiße Keramikschale und einen weißen Krug: Stellen Sie die Stücke nebeneinander und suchen Sie in ihrem Fundus, was hierzu passen könnte. Blicken Sie sich auch im Zimmer um: Vielleicht entdecken Sie hier eine Uhr, dort ein Buch, ein Bild oder eine Vase als Ergänzung. Eine Farbe, ein Thema oder ein besonderes Material als Ausgangspunkt erleichtern den Einstieg.

LINKS **Das ausdrucksvolle Stillleben auf einer polierten Tischfläche wirkt, als hätte ein Maler Hand angelegt: Ein kolorierter Pflanzendruck, teils verdeckt von einer Postkarte mit einem mittelalterlichen Porträt, ein großes rundes Glasgefäß aus dem Chemielabor mit einzelnen rankenden Zweigen sowie die übrigen Gegenstände aus Naturwissenschaft und Kunst wurden mit Symmetrie und Gleichmaß arrangiert.**

RECHTS OBEN **Eine Tischlandschaft mit persönlicher Note im orientalischen Stil. Die Bücher dienen als verschieden hohe Podeste für Objekte wie eine Miniatur des Tadsch Mahal, ein Kamel oder die Elefantenfigur.**

RECHTS **Ein Lehrstück über Harmonie und Maß: Kein Thema, keine Farbe – allein die Ausgewogenheit der Proportionen verknüpft diese Objekte miteinander.**

Bei einem ausdrucksstarken Stillleben müssen die Größenverhältnisse, Proportionen und Gewichtungen stimmig sein. Selbst wenn Sie ein spannendes Nebeneinander kreieren möchten, sollten Sie nie vergessen, dass zwischen den Stücken stets ein Mindestmaß an Harmonie bestehen muss. Reizvolle Objekte sind in jedem Fall Pflanzen oder Naturalien wie Zierkürbisse, Samenkapseln, Muscheln oder Fossilien.

Natürlich muss auch der Fläche, auf der Sie ihre Objekte anordnen, eine gewisse Aufmerksamkeit geschenkt werden. Nutzen Sie lieber die blanke Tischplatte als Untergrund als ein Tischtuch. Wichtig ist auch die Beleuchtung: Ein Deckenstrahler, der von oben auf das Arrangement fällt, ist ideal. Eine Tischlampe in der richtigen Höhe, Kerzenleuchter oder ein Kandelaber verleihen ihm jedoch ebenfalls Kontur.

Letztlich aber ist ein gekonnt arrangiertes Stillleben stets auch ein Mittel zur Gestaltung der Raumwirkung: Eine Tischlandschaft in einer Ecke lenkt den Blick auf den Randbereich des Raumes, eine Tischlandschaft vor einem Sofa zwangsläufig über die umliegenden Möbel.

LINKS **Auf dem alten Tischchen, von dem die Farbe schon fast abgeblättert ist, wurden Tonwaren, Kerzen, getrocknete Granatäpfel sowie grüne Zweige vor einem schwarz gerahmten Spiegel angeordnet. Das Arrangement wirkt leicht und rustikal.**

OBEN **Zwangloses Arrangement: Eine polierte Tischplatte und ein alter Spiegel mit wuchtigem Rahmen bilden die Kulisse für eine alte Bindfadenrolle, eine Weinflasche mit einer Zierlauchblüte sowie Glassteinen und Muscheln in einem Windlicht.**

Ein Fenster bildet stets eine hübsche Kulisse für eine Tischlandschaft. Hier wurden die einzelnen Objekte allein wegen ihrer ansprechenden Formate gewählt: ein altes nautisches Instrument, einige Naturalien, ein Album und zwei unterschiedlich große Pfennigbäumchen in Töpfen.

Ein origineller Blickfang und eine clevere Lösung, um Schmuck auszustellen: Metallene Dekorationsbüsten an der Wand über dem Bett wurden mit buntem Perlenschmuck und künstlichen Blumen geschmückt.

Schmuckstücke sind kleine Kunstwerke, die zur Schau gestellt werden wollen. Tragen Sie den Schmuck nicht gerade selbst, dann präsentieren Sie ihn an einem Platz, wo man ihn bewundern kann.

Schmuck

Das Wunderbare an Schmuck ist, dass er im Grunde keinerlei praktischen Nutzen besitzt – außer den Körper zu »veredeln« und sowohl seinem Besitzer als auch den Betrachtern Freude zu bereiten. Schon in frühen Zeiten stellte der Mensch Körperschmuck her: Funde von Muschelketten werden auf die Mittelsteinzeit datiert und im alten Ägypten und Griechenland fertigte man aus Gold, Glas, Steinen und Email kostbare Armbänder, Ringe, Halsbänder, Ketten sowie Ohrringe von bestechender Schönheit. Kaum ein Mensch kann dem Anblick schöner Schmuckstücke widerstehen – ob sie aus erlesenen Materialien gearbeitet sind oder diese nur imitieren. Manch einer sammelt Schmuck wie eine Elster – oft wahllos.

Obwohl Schmuck in erster Linie als modisches Accessoire entworfen wird, eignet er sich ebenfalls wunderbar als Raumschmuck. Selbstverständlich ist hier nicht die Rede von echten Juwelen, die geschützt in wattierten Etuis aufbewahrt werden müssen, sondern von all den hübschen, auch unechten Stücken, die Glanz und Glitzer in unser Leben bringen.

RECHTS OBEN **Versilberte Broschen zieren ein Kissen mit einem Bezug aus Baumwollstoff mit Toile-de-Jouy-Dekor. Die Broschen passen wunderbar zu dem verspielten zweifarbigen Stoffmuster.**

GANZ RECHTS OBEN **Eine schlichte Wandlampe mit Schirm aus Milchglas wurde zum wirkungsvollen Aufbewahrungsort für bunte Perlenketten und Modeschmuck.**

Als Material für fernöstliche Zierbäume verwendet man häufig Halbedelsteine wie Rosenquarz: An die Äste dieses reizenden Bäumchens wurden zusätzlich Ohrringe als Schmuck gehängt.

LINKS Ringbäume aus Keramik in Form von langgliedrigen Händen waren äußerst beliebt im 19. Jahrhundert. Dieses Exemplar ist Schaufläche für Armreife und -bänder.

UNTEN Ein Spiegelrahmen eignet sich hervorragend als Schmuckhalter: Die Sammlung schöner Ketten wurde hier charmant mit künstlichen Rosenblüten kombiniert.

LINKS Eine sehr feminine Tischlandschaft mit verschiedenen Schmuckstücken: Um die Kaffeekanne und die Tasse mit edlem handgemaltem und vergoldetem Dekor wurde allerlei glitzernder Modeschmuck drapiert.

OBEN Eine moderne und originelle Variante des traditionellen Ringbaums: Die schmalen Metallkegel haben exakt den richtigen Durchmesser, um die Sammlung von Silberringen ansprechend zu präsentieren.

Diese kleinen Schmuckgegenstände eignen sich hervorragend als zusätzliche Verzierungen für das Mobiliar: Bunte, aufgefädelte Perlen oder perlenbesetzte Bänder wirken dekorativ über einen Lampenschirm gehängt oder um den Hals einer schlichten Vase gewickelt und zieren als Girlande einen Kaminsims oder die untere Kante einer Jalousie. Auch als Teil einer Tischlandschaft lassen sich größere, weniger kleinteilige Schmuckstücke drapieren – zum Beispiel Armreife neben einer Vase mit Rosen oder einer gerahmten Miniaturmalerei.

Außerdem lässt sich das Schöne mit dem Nützlichen verbinden, indem Sie Schmuck so aufbewahren, dass er gleichzeitig als Dekoration fungiert: Statt die Stücke in Schatullen zu legen, hängen Sie Ketten einfach an Haken oder Knäufe, stecken Ringe auf einen Ringbaum oder eine Hand aus Glas oder Porzellan und Ohrringe sowie Broschen sichtbar auf Zierkissen. In üppiger Fülle arrangiert, wirkt Schmuck dabei besonders prachtvoll.

RECHTS Weniger ist oftmals mehr: Viele Jahre hat das Meer diese Steine glatt poliert. Nun liegen sie auf der Fensterbank aufgereiht, um betrachtet und in die Hand genommen zu werden.

UNTEN Dieses prächtige Stück einer Koralle ist so auffällig, dass es auf einen Sockel montiert zum Blickfang eines ausdrucksstarken Stilllebens wurde.

RECHTS OBEN Ein kleines Segelboot, zwei glatt geschliffene Steine vom Strand und ein verwittertes Stück Treibholz – mehr bedarf es nicht für ein beschauliches Stimmungsbild.

RECHTS MITTE Je schlichter, desto besser: Auf einer grau glasierten Keramikschale wird eine Sammlung unterschiedlich gefärbter Kieselsteine mit den flachen Schalen einer Jakobsmuschel ausgestellt.

RECHTS UNTEN Stillleben im Bad: Seeigelskelett, Dekokugeln aus Muschelschalen und Gläser mit Muscheln zwischen Badesalz und Parfüm.

GANZ RECHTS OBEN Zwei Ammoniten, kombiniert mit Steinen und getrockneten Blättern in einem Rahmen.

GANZ RECHTS UNTEN Einfache Atlantikmuscheln in einer Keramikschale bilden einen reizvollen Blickfang.

Der Zauber und die Schönheit von Naturobjekten wie Muscheln, Korallen, Fossilien oder einfachen Kieselsteinen ist absolut zeitlos. Kein Wunder also, dass sie als Raumschmuck so beliebt sind.

Naturobjekte – Muscheln & Co.

Im 18. Jahrhundert begeisterte man sich im Zuge der Aufklärung für Naturwissenschaften. Forschungsreisende brachten aus fernen Ländern bisher unbekannte Tiere und Pflanzen, Gesteinsproben, Muscheln und Fossilien nach Europa. Getrieben vom Wissensdurst füllten Sammler ganze Kuriositätenkabinette mit diesen exotischen Wunderdingen. Die Faszination für Naturobjekte ist bis heute ungebrochen: Noch immer kann uns die besondere Form einer Muschel, eines polierten Steins oder die jahrtausendealte Kontur eines versteinerten Blattes verzaubern – und an dem Anblick solcher Dinge erfreuen wir uns auch in unserem Zuhause. Am vorteilhaftesten platziert man Naturschätze auf Augenhöhe, damit man sie aus nächster Nähe bewundern kann.

Der Traum vom Meer: Zwei Holzruder, ein Fernglas, ein einfaches Schiffsmodell aus Holz sowie die Schwarz-Weiß-Fotografie eines Segelbootes bringen einen Hauch von Meer ins Haus.

LINKS **Das schöne hölzerne Boot mit gesetzten Segeln wirkt für sich allein: Vor der Glastür kann es in seiner ganzen Pracht bewundert werden.**

OBEN **Die Wahl der richtigen Fliegen und Schwimmer sorgt unter Anglern für unerschöpflichen Gesprächsstoff. Schwimmer auf einem Holzbrett befestigt, stehen hier als Schmuck auf dem Regal.**

»Ich muss wieder hinab zum Meer, zum einsamen Meer und dem Himmel. Und ich brauche nur ein großes Schiff und einen Stern, nach dem ich steuern kann ... «. So beschreibt der britische Lyriker John Edward Masefield in seinem Gedicht »Sea Fever« 1902 die Sehnsucht nach dem Meer.

Schiffe und Boote

In seinem Gedicht fasst John Masefield das romantische Gefühl in Worte, welches so viele Menschen bei allem, was mit Seefahrt zu tun hat, empfinden. Schon Kinder lieben Boote zum Spielen oder geheimnisvolle Flaschenschiffe. Kunstvolle Schiffsmodelle findet man in allen Größen und Ausführungen. Viele sind so wunderschön, dass sie überall in der Wohnung einen aparten Blickfang bilden. Bei der Verwendung nautischer Gegenstände als Raumschmuck gilt nur eine goldene Regel: Kreieren Sie keinen Themenpark. Alle Objekte, die mit der Arbeit oder dem Leben auf hoher See in Zusammenhang stehen, besitzen eine funktionale Schönheit: Diese Artefakte kommen am besten als Einzelstücke zur Geltung. Vermeiden Sie also Arrangements mit Hummerfangkörben oder drapierten Fischernetzen.

UNTEN **Grundstock einer nautischen Sammlung im Kinderzimmer: Eine Seekarte auf dem Vorhang, ein Segelschiff an der Wand und ein Holzblock, der mit etwas Farbe in ein Schiff verwandelt wurde.**

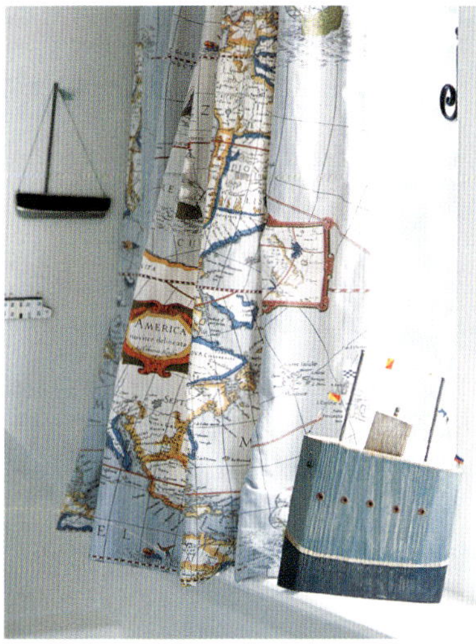

LINKS **Gerade die Einfachheit der Formen ist es, die alten Spielsachen ihren Charme verleiht. Als Ensemble kommen sie besonders schön zur Geltung.**

Es mag die nostalgische Erinnerung an glückliche Kindertage sein oder das Interesse an altem Kunsthandwerk, was Spielwaren zu attraktiven Sammlerstücken für viele Menschen macht.

Altes Spielzeug

Erwachsenen fällt es ebenso schwer wie Kindern, der Anziehungskraft eines alten Spielzeugs zu widerstehen, insbesondere dann, wenn es als Raumschmuck an einem Ort platziert ist, wo man es nicht erwartet, wie ein bemaltes Schaukelpferd vor dem Erkerfenster, eine alte Puppe auf einem Stuhl oder ein Grüppchen Bleifiguren auf einem Tisch. Spielsachen schaffen in jedem Raum einen interessanten Blickfang. Viele Erbstücke, insbesondere die handgearbeiteten Spielsachen, sind wahre Kunstwerke. Sie stehen in ihrer skulpturalen Ausdruckskraft anderen Objekten und Figuren in nichts nach. Lediglich beim Arrangieren von alten Spielsachen sollten Sie Umsicht walten lassen und allzu gefühlsselige und süßliche Kombinationen vermeiden – jedes einzelne Stück verdient es, ernst genommen zu werden.

LINKS UNTEN **Wundervoller Schmuck: Dem alten Schaukelpferd mit Patina sieht man an, dass es bereits viele Kinder auf seinem Rücken getragen hat.**

UNTEN **Spielzeug aus dem 20. Jahrhundert steht seinen Vorgängern an Ausstrahlung in nichts nach. Das zeigt dieses schöne Arrangement, zu dem auch eine mexikanische Pappmachépuppe und bunte Stapelpuppen gehören.**

Mit dieser Sammlung alter Spielsachen wird heute noch gespielt. Jedes Stück besitzt seinen eigenen Charakter – die robuste Ritterburg auf dem Fußboden, der vielgeliebte Hund auf Rädern und die Blechtrommel. Es wäre zu schade, diese Dinge hinter Schranktüren zu verbergen!

Register

Kursive Seitenzahlen verweisen auf Bildlegenden.

Firmenadressen

Liste der Architekten, Designer und Unternehmen, deren Arbeiten und Produkte in diesem Buch abgebildet sind.

A

An Angel At My Table
Spezialisten für bemaltes und französisches Mobiliar.
+44 0845 2000723
www.anangelatmytable.com
Seite 94ol

Annabel Grey
+44 07860 500356
annabel.grey@btinternet.com
www.annabelgrey.com
Seiten 85, 124ur, 132, 136–137

Annelie Bruijn
+31 653 702869
Annelie_bruijn@email.com
Seiten 73ur, 100o, 134or

Anthropologie
+1 800 309 2500
www.anthropologie.com
Seite 18o

Asfour Guzy Architects
594 Broadway, Suite 1204
New York, NY 10012, USA
+1 212 334 9350
info@asfourguzy.com
www.asfourguzy.com
Seite 27ul

Asplund
Sibyllegatan 31
114 42 Stockholm, Schweden
+46 8 662 52 84
www.asplund.org
Seite 75ol

Atelier Abigail Ahern
137 Upper Street
London N1 1QP
+44 020 7354 8181
contact@atelierbypost.com
www.atelierabigailahern.com
Seiten 32, 50–51, 58l

B

Baileys
Whitecross Farm, Bridstow
Herefordshire HR9 6JU
+44 01989 561931
www.baileys-home-garden.co.uk
Seiten 2mr, 7ol, 9, 101o (2), 105ur, 126, 129ul,129ur, 134ur, 147ol

Baroque Garden
www.baroquegarden.com
Seite 113o

Beach Studios
+44 01797 344077
www.beachstudios.co.uk
Seiten 1, 2ml, 24u, 27o, 31ur, 38ur, 47or, 65, 66u, 67or, 67ur, 79l, 93ol, 94ur, 102o, 102ul, 149or, 160

Ben de Lisi
40 Elizabeth Street
London SW1 9NZ
+44 020 7730 2994
Seite 125

Ben Pentreath
Working Group Design and Ben Pentreath Ltd (Geschäft)
17 Rugby Street
London WC1N 3QT
www.working-group.co.uk
Seiten 33ul, 33or

Bennison Fabrics Ltd
16 Holbein Place
London SW1W 8NL
+44 020 7730 6781
www.bennisonfabrics.com
Seite 36ol, 61u, 124o

Bexon Woodhouse Creative
+44 01531 630176
www.bexonwoodhouse.com
Seiten 75or,101u,138o

Bois-Renard
Dekorative Wohnaccessoires.
+1 215 247 4777
Seite 127o

Brissi Contemporary Living
196 Westbourne Grove
London W11 2RH
+44 020 7727 2159
info@brissi.co.uk
www.brissi.co.uk
Seiten 104, 116ul, 118or

C

Caroline Zoob
www.caroline-zoob.co.uk
Seite 151ur

Catherine Malandrino
www.catherinemalandrino.com
Seite 96ul

Cecilia Proserpio
cecilia.proserpio@fastwebnet.it
Seite 93ul

Chambre d'Amis
www.chambredamis.com
Seite 76r

Charlotte Casadejus
www.charlottecasadejus.com
Seite 64ul

Charmaine and Paul Jack
Innenarchitektur und Design
LESUD Design
lesudchar@wanadoo.fr
Seiten 23ul, 142l

The Children's Cottage Company
Devon
+44 01363 772061
www.play-houses.com
and Sanctuary Garden Offices
Devon
+44 01363 772061
www.sanctuarygardenoffices.com
Seiten 84ol, 138–139

Christophe Ducharme, Architecte
15 rue Hégésippe Moreau
75018 Paris, France
+33 01 45 22 07 75
Seiten 13, 45l

Claes Bech-Poulsen, Photographer
+45 40 19 93 99
claes@claesbp.com
www.claesbp.dk
Seiten 117o, 129o

Colin Orchard Consultants
London, +44 020 7720 7550
info@colinorchard.com
Seiten 11, 141u

Cote Jardin
Boutique: Place du Marché
17590 Ars en Ré, Frankreich
Seiten 142r, 151ol

Crème de la Crème à la Edgar
Kompagnistræde 8, St
1208 Kopenhagen K, Dänemark
+45 33361818
Seiten 41l, 80or

The Cross
141 Portland Road
London W11 4LR
and Cross the Road
139 Portland Road
+44 020 7727 6760
Seite 120ur

D

Davy Hezemans, Spice PR
Leidsegracht 38–40
1016 CM – Amsterdam
+31 65 530 0375
Seite 109r

Design By Us
www.design-by-us.com
www.villalagachon.com
Haus in Frankreich zu mieten.
Seite 150

The Dodo
www.thedodo.co.uk
Seiten 67ol, 149ur

Domaine de la Baronnie
21 Rue Baron de Chantal
17410 Saint-Martin-de-Ré
Frankreich
+33 5 46 09 21 29
www.labaronnie-pallardy.com
Seite 67ul

E

Eero Aarnio
www.eero-aarnio.com
Fax: +35 89 25 68 547
Seite 118ol

Elizabeth Baer Textiles
+44 01225 866136
dbaer@onetel.com
Seiten 127ul, 131

Emily Chalmers, Author/Stylist
emily@emilychalmers.com
Shop: Caravan
3 Redchurch Street
Shoreditch, London E1 7DJ
+44 020 7247 6467
www.caravanstyle.com
Seiten 36ur, 40l

Emma Bridgewater
739 Fulham Road
London SW6 5UL
+44 020 7371 5489
www.emmabridgewater.co.uk
Seite 19or

Emma Greenhill
egreenhill@freenet.co.uk
Seiten 38or, 44r

F

Fil de Fer
St. Kongensgade 83 A
1264 Kopenhagen K, Dänemark
+45 33 32 32 46
www.fildefer.dk
Seite 31ul

Francesca Mills
www.francescamills.com
Seiten 46,108

Françoise de Nobele Antiquitès
2 rue de Bourbon le Chateau
75006 Paris, Frankreich
Seite 133ul

French Country Living
Antiquitäten und Accessoires.
21 rue de l'Eglise
06250 Mougins, Frankreich
+ 33 4 93 75 53 03
f.c.l.com@wanadoo.fr
Seite 91ur

G

Gabriella Abbado, Designer
+39 333 90 30 809
Seiten 23ur, 145or

Grethe Meyer
MAA
Royal Scandinavia A/S
+45 38144848
www.royalscandinavia.com
Seiten 2or, 88–89, 95r

Gul Coskun, Coskun Fine Art
91–93 Walton Street
London SW3 2HP
+44 020 7581 9056
www.coskunfineart.com
Seite 2ul, 70ol

Guy Hills, Fotograf
www.guyhills.com
Seite 91ul

H

Haifa Hammami, Fotograf
+44 07730 307612
Seite 115

Het Grote Avontuur
Haarlemmerstraat 25
1013 EJ Amsterdam
Niederlande
+31 206268597
www.hetgroteavontuur.nl
Seite 47ur

Hilary Robertson
No. Eight, 8 East Parade
Hastings, Sussex TN34 3AL
+44 01424 443521
www.noeight.co.uk
Alistair McGowan
West Matravers
+44 07770 765106
al@westmatravers.com
Seiten 2om, 29r, 144

Historic Buildings Consultants
8 Doughty Mews
London WC1N 2PG
+44 020 7831 4398
www.hbcconsultants.com
Seite 106u

Hotel Endsleigh
Milton Abbot, Tavistock, Devon
+44 01822 870000
www.hotelendsleigh.com
Seite 2m

Hôtel Le Sénéchal
6 rue Gambetta
17590 Ars en Ré, Frankreich
+33 05 46 29 40 42
www.hotel-le-senechal.com
Seiten 13, 45l

Hotel Tresanton, Cornwall
+44 01326 270055
www.tresanton.com
Seite 151or

Household Hardware
www.householdhardware.nl
Seiten 56o, 96or

Hunt Slonem
545 West 45th Street, 4th Floor
New York, NY 10036
+1 212 620 4835
www.huntslonem.com
Seiten 23o, 77u

I

Ilaria Miani
Via Monserrato, 35
00186 Rom, Italien
+39 0668 33160
ilariamiani@tin.it
Podere Casellacce und Podere Buon Riposo im Val d'Orcia sind zu vermieten.
Seiten 110–111

J

Jamb Limited
Antike Kamineinfassungen.
Core One, The Gas Works
Gate D, Michael Road
London SW6 2AN
+44 020 7736 3006
www.jamblimited.com
Seite 116ur

Jan Constantine
+44 01270 821194
www.janconstantine.com
Seiten 71r, 143

Jane Packer
www.janepacker.com
Seiten 7or, 14–15, 36or, 42, 83ol, 91or, 148o

Jette Arendal Winther
www.arendal-ceramics.com
Seiten 7u, 10

Joanne Cleasby
At Snoopers Paradise
7–8 Kensington Gardens
Brighton BN1 4AL
+44 01273 602558
Seite 134l

John Derian
Store: 6 East 2nd Street
New York, NY 10003
+1 212 677 3917
www.johnderian.com
Seiten 48o, 130o

Josephine Macrander, Raumgestalterin
+31 64 30 53 062
Seiten 33ol, 105o

Josephine Ryan Antiques
63 Abbeville Road
London SW4 9JW
+44 020 8675 3900
www.josephineryanantiques.co.uk
Seite 152ul

Judd Street Gallery
www.juddstreetgallery.com
Seiten 88o, 93or, 106o,114l

Julia Clancey
www.juliaclancey.com
Seiten 146, 147u

K

Karen Nicol Embroidery
+44 020 8979 4593
www.karennicol.com
Seite 53or

Kate Forman
www.kateforman.co.uk
Seiten 54o, 62, 63

Kathy Bruml Homestyle
+1 212 645 1241
www.kathybruml.com
Seiten 98–99

Katrin Arens
www.katrinarens.it
Seiten 16–17, 84r

Kristiina Ratia Designs
+1 203 852 0027
Seite 37u

L

La Maison
Place de l'Eglise
30700 Blauzac (bei Uzès)
Frankreich
+33 4 66 81 25 15
lamaisondeblauzac@wanadoo.fr
www.chambres-provence.com
Seite 140

L'Oro dei Farlocchi
Via Madonnina, fronte N° 5
Milano, Italy
+39 02 860589
www.lorodeifarlocchi.com
Seiten 133ur, 152o

Les Sardines aux Yeux Bleus
+33 4 66 03 10 04
www.les-sardines.com
Seite 2um

Louise Robbins
Insideout House and
Garden Agency and Malt
House Bed and Breakfast
Malt House, Almeley
Herefordshire HR3 6PY
+44 01544 340681
Seite 84ml

Lovelylovely
+44 020 7482 6365
info@lovelylovely.co.uk
www.lovelylovely.co.uk
Seite 96ol

Lucille Lewin
Chiltern Street Studio
78a Chiltern Street
London W1U 5AB
+44 020 7486 4800
www.chilternstreetstudio.com
Seiten 21, 78or, 86–87

Lulu Guinness
3 Ellis Street
London SW1X 9AL
+44 020 7823 4828
www.luluguinness.com
Seite 33ur

M

Maisonette
79 Chamberlayne Road
London NW10 3ND
+44 020 8964 8444
maisonetteuk@aol.com
www.maisonette.uk.com
Seiten 25, 44l, 55ol, 78ol,145u

Marianne Cotterill
Shop: 4a–5a Perrins Court
London NW3 1QR
+44 020 7435 2151
Seiten 19u, 29l, 48ur, 102ur, 121r

Marijke van Nunen Interieur
Friezelaan 139, Niederlande
+31 134 681900
mobile +31 655 825663
marijkevannunen@hetnet.nl
Seiten 53ol u. ur, 55u, 57ol u. ur, 92l

Mark Smith, Smithcreative
15 St George's Road
London W4 1AU
+44 020 8747 3909
info@smithcreative.net
Seite 116or

Matthew Patrick Smyth, Inc.
12 West 57th Street
New York, NY 10019
+1 212 333 5353
www.matthewsmyth.com
Seite 141o

Melin Tregwynt
Castlemorris, Haverfordwest
Pembrokeshire SA62 5UX
+44 01348 891644
www.melintregwynt.co.uk
Seiten 2ol, 22, 54u, 56ul, 103, 120ul

Michael Bains and
Catherine Woram
www.catherineworam.co.uk
Vorsatzblätter, Seiten 64o, 77ol, 149ul

Michael Leva
P.O. Box 100
Roxbury, CT 06783
+1 860 355 2225
Seite 41r

Michael Paul, Fotograf
mpaulfoto@aol.com
Seiten 37o

Mireille and Jean Claude Lothon
La Cour Beaudeval Antiquities
4 rue des Fontaines
28210 Faverolles, Frankreich
+ 33 2 37 51 47 67
Seiten 39, 130ur

N

Naja Lauf A/S
Strandvejen 340,
DK-2930 Klampenborg
+45 7025 1325
nl@najalauf.dk
www.najalauf.dk
Seite 31or

Neisha Crosland
www.neishacrosland.com
8 Elystan Street
London SW3 3NS
+44 020 7584 7988
and Ginka
137 Fulham Road
London SW3 6SD
+44 020 7589 4866
Marius Barran, Architekt
+44 020 8960 7600
Seite 135

Nicoletta Marazza
via G Morone, 8
20121 Mailand, Italien
+39 2 7601 4482
Seite 88u

Nina Hartmann
www.vintagebynina.com
Seiten 75u, 76l, 83r

Nordic Style
Klassische Schwedische
Interieurs.
109 Lots Road
London SW10 0RN
+44 020 7351 1755
www.nordicstyle.biz
Seiten 72, 73ol

O

Ochre
+44 0870 7879242
enquiries@ochre.net
www.ochre.net
Seite 149ml

Ole Lynggaard Copenhagen
Hellerupvej 15B
DK - 2900 Hellerup
+45 39 46 03 00/03
www.olelynggaard.dk
Seiten 45r, 117u

Osborne & Little Ltd
Showroom:
304 King's Road
London SW3 5UH
+44 020 7352 1456
www.osborneandlittle.com
Seiten 57or, 97

P

Peri Wolfman, Wolfman Gold
peri@charlesgold.com
Mitchell Gold & Bob Williams
Polstermöbel.
www.mgandbw.com
Seiten 90, 93ur, 94ul

Petra Boase
www.petraboase.com
Seite 77or

Philip Mould Fine Paintings
29 Dover Street
London W1S 4NA
+44 020 7499 6818
www.philipmould.com
Seite 43

Philippe Guilmin
philippe.guilmin@skynet.be
Seiten 8, 40r, 49l, 81, 84ul

Piet Boon Studio
Ambacht 6, 1511 JZ Oustzaan
Niederlande
www.pietboon.nl
Seite 59

The Plot London
Helen Ellery Innenaustattung
77 Compton Street
London EC1V 0BN
+44 020 7251 8116
www.theplotlondon.com
Seite 116ol

Pour Quoi
Nodre Frihavnsgade 13
2100 Kopenhagen,
Dänemark
+45 35 26 62 54
Seite 110l

Project Orange
+44 020 7566 0410
www.projectorange.com
Seite 109ol

Pruskin Gallery
73 Kensington Church Street
London W8 4BG
+44 020 7937 1994
and 96 Portland Road
London W11 4LQ
+44 020 7727 9062
Seite 121l

R

Beraterin für Raumdesign
Ineke Schierenberg &
Rachel van der Brug Vof
Leidsegracht 42
1016 CM Amsterdam
+31 02 0639 0881
www.inekeschierenberg.nl
Seite 120or

Raffaella Barker
raffaella.barker@btinternet.com
Location zu vermieten über:
www.locationpartnership.com,
Referenz-Nr. HC601.
Seite 58or

Ratia Brand Co Oy
Kapteeninkatu 1 E
00140 Helsinki, Finnland
+358 9 622 72820
www.ratia.com
Seite 80l

Retrouvius Reclamation
and Design
+44 020 8960 6060
www.retrouvius.com
Seite 91ul

R.K. Alliston
Bath–London–Tetbury
+44 0845 1305577
www.rkalliston.com
Seite 107

RLdesign
+1 212 741 9762
rlevithan@earthlink.net
www.robertlevithan.com
Rudimar Kossman
Construction
+1 917 553 6151
Seiten 26, 112, 130ul

Roeline Faber
Interior Styling & Design
Tweede Molenweg 22
1261 HC Blaricum
Niederlande
+31 35 6668411
faber.styling@wxs.nl
Seite 118u

Roger Oates Design
The Long Barn, Eastnor
Herefordshire HR8 1EL
+44 01531 632718
www.rogeroates.co.uk
Seite 18u

Rützou A/S
+45 35240616
www.rutzou.com
Seiten 12, 122–123

S

Sanne Hjermind, Künstlerin
+45 26 91 01 97
Seiten 117o, 129o

Sasha Waddell Interior Design
www.sashawaddelldesign.com
Sasha Waddell Furniture
www.sashawaddell.com
Seiten 38ur, 47or, 66u, 67or

Sieff Interiors
+44 020 7978 2422
www.sieff.co.uk
Seiten 83ul, 148u

Silence
Creative research design
consultancy.
+44 01273 299231
www.silence.co.uk
Seite 152ur

Steven Pooters
Ganbaroo (Vertrieb)
Haarlemmerweg 317 L
1051 LG Amsterdam
+31 20 688 5818
Seite 109r

Sue West, The Housemade
Raum- und Produktdesign.
+44 01453 757771
sue.west@btopenworld.com
www.avaweb.co.uk/
coachhouse.html
Seite 145ol

Swan House
1 Hill Street, Hastings TN34 3HU
+44 01424 430014
www.swanhousehastings.co.uk
No.Eight
www.noeight.co.uk
Melissa White
www.fairlyte.co.uk
Seite 38ol

T

Todhunter Earle Interiors
+44 020 7349 9999
interiors@todhunterearle.com
www.todhunterearle.com
Seite 20

W

Wild at Heart
The Turquoise Island
222 Westbourne Grove
London W11 2RJ
+44 020 7727 3095
www.wildatheart.com
Seite 100u

William Yeoward
270 King's Road
London SW3 5AW
+44 020 7349 7828
www.williamyeoward.com
Seiten 11, 141u

Bildnachweis

LEGENDE: *foto*= Fotograf, **o**=oben, **u**=unten, **r**=rechts, **l**=links, **m**=Mitte.

Vorsatzblätter *foto* Polly Wreford/Londoner Zuhause von Michael Bains und Catherine Woram; **Seite 1** *foto* Polly Wreford/Foster House auf www.beachstudios.co.uk; **2ol** *foto* Claire Richardson/Eifion und Amanda Griffiths (von Melin Tregwynt) Zuhause in Wales; **2om** *foto* Polly Wreford/Hilary Robertson und Alistair McGowan, Hastings; **2or** *foto* Andrew Wood/Haus der Architektin Grethe Meyer, Hørsholm, Dänemark, erbaut von den Architekten Moldenhawer, Hammer und Frederiksen, 1963; **2ml** *foto* Polly Wreford/Foster House auf www.beachstudios.co.uk; **2m** *foto* Chris Tubbs/Hotel Endsleigh; **2mr** *foto* Debi Treloar/Mark und Sally Baileys Zuhause in Herefordshire; **2ul** *foto* Jan Baldwin/Londoner Wohnung des Kunsthändlers Gul Coskun; **2um** *foto* Claire Richardson/www.les-sardines.com; **2ur** *foto* Catherine Gratwicke/Laura Stoddarts Wohnung in London; **4** *foto* Polly Wreford/Charlotte-Anne Fidlers Zuhause in London; **5** *foto* Debi Treloar/Weingut; **7ol** *foto* Debi Treloar/Mark und Sally Baileys Zuhause in Herefordshire; **7or** *foto* Paul Massey/Jane Packers Zuhause in Suffolk; **7u** *foto* Alan Williams/Haus der Keramikerin Jette Arendal Winther in Dänemark, www.arendal-ceramics.com; **8** *foto* Debi Treloar/Gästehaus des Innenarchitekten und Künstlers Philippe Guilmin, Brüssel; **9** *foto* Debi Treloar/Mark und Sally Baileys Zuhause in Herefordshire; **10** *foto* Alan Williams/Haus der Keramikerin Jette Arendal Winther in Dänemark, www.arendalceramics.com; **11** *foto* Christopher Drake/ Zuhause von William Yeoward und Colin Orchard in London; **12** *foto* Debi Treloar/ Zuhause der Designerin Susanne Rützou in Kopenhagen; **13** *foto* Paul Massey/Hôtel Le Sénéchal, Ars en Ré, entworfen von Architekt Christophe Ducharme; **14–15** *foto* Paul Massey/ Jane Packers Zuhause in Suffolk; **16–17** *foto* Debi Treloar/Katrin Arens; **18o** *foto* Debi Treloar/Haus von Glen Senk und Keith Johnson (von Anthropologie) in Philadelphia; **18u** *foto* Christopher Drake/Fay und Roger Oates Haus in Ledbury; **19ol** *foto* Claire Richardson/Nick und Flora Phillips Zuhause in der Gascogne; **19or** *foto* Chris Everard/Familienhaus in Norfolk; **19u** *foto* Claire Richardson/Marianne Cotterills Haus in London; **20** *foto* Chris Tubbs/Ferienhaus der Innenarchitektin Emily Todhunter im Peak District; **21** *foto* Debi Treloar/Lucille und Richard Lewins Londoner Haus; **22** *foto* Claire Richardson/Eifion und Amanda Griffiths (von Melin Tregwynt) Zuhause in Wales; **23o** *foto* Catherine Gratwicke/Loft des Künstlers Hunt Slonem in New York; **23ul** *foto* Claire Richardson/Les Trois Salons, Uzès – Gründer und Eigentümer Charmaine und Paul Jack; **23ur** *foto* Chris Tubbs/Gabriella Cantaluppi Abbados Zuhause in Monticchiello; **24o** *foto* Claire Richardson/Londoner Wohnung des Autors und Journalisten Bradley Quinn; **24u** *foto* Polly Wreford/Foster House auf www.beachstudios.co.uk; **25** *foto* Catherine Gratwicke/Wohnung von Martin Barrell und Amanda Sellers, Eigentümer von Maisonette, London; **26** *foto* Polly Wreford/Robert Levithans Domizil, New York City; **27o** *foto* Polly Wreford/Foster House auf www.beachstudios.co.uk; **27ul** *foto* Debi Treloar/Familien-Wohnsitz von Catherine Chermayeff und Jonathan David in New York, entworfen von Asfour Guzy Architects; **27ur** *foto* Paul Massey/Zuhause von Michael Giannelli und Greg Shano in East Hampton; **28** *foto* Catherine Gratwicke/Laura Stoddarts Wohnung in London; **29l** *foto* Claire Richardson/Marianne Cotterills Haus in London; **29r** *foto* Polly Wreford/Hilary Robertson und Alistair McGowan, Hastings; **30** *foto* Claire Richardson/ Familien-Wohnsitz in Blackheath, South London; **31ol** *foto* Polly Wreford/Charlotte-Anne Fidlers Zuhause in London; **31or** *foto* Paul Massey/Naja Lauf; **31ul** *foto* Winfried Heinze/Wohnung von Lars Kristensen, Eigentümer von Fil de Fer, Kopenhagen; **31ur** *foto* Polly Wreford/Foster House auf www.beachstudios.co.uk; **32** *foto* Lisa Cohen/Londoner Zuhause von Abigail Ahern, www.atelierabigailahern.com; **33ol** *foto* Debi Treloar/Josephine Macrander, Raumgestalterin; **33ul u. or** *foto* Chris Tubbs/Ben Pentreaths Georgianische Wohnung in Bloomsbury; **33ur** *foto* Catherine Gratwicke/Londoner Zuhause von Lulu Guinness; **34–35** *foto* Polly Wreford; **36ol** *foto* Alan Williams/Geoff und Gilly Newberrys (von Bennison Fabrics) Zuhause in Norfolk; **36or** *foto* Paul Massey/Blumen von Jane Packer, Location über www.jjlocations.co.uk; **36ul** *foto* Jo Tyler; **36ur** *foto* Debi Treloar/Londoner Zuhause von Emily Chalmers, Autorin, Stilistin und Eigentümerin des Geschäfts Caravan, und Regisseur Chris Richmond; **37o** *foto* Polly Wreford/Haus des Fotografen Michael Paul in London; **37u** *foto* Debi Treloar/Familien-Wohnsitz von Kristiina Ratia und Jeff Gocke in Norwalk, Connecticut; **38ol** *foto* Claire Richardson/Swan House Bed and Breakfast in Hastings; **38or** *foto* Polly Wreford/Emma Greenhills Londoner Zuhause; **38ur** *foto* Polly Wreford/Sasha Waddells Haus, verfügbar über www.beachstudios.co.uk; **39** *foto* Christopher Drake/Mireille und Jean Claude Lothons Haus in Faverolles, Eigentümer von La Cour Beaudeval Antiquities; **40l** *foto* Debi Treloar/Londoner Zuhause von Emily Chalmers, Autorin, Stilistin und Eigentümerin des Geschäfts Caravan, und Regisseur Chris Richmond; **40r** *foto* Debi Treloar/Gästehaus des Innenarchitekten und Künstlers Philippe Guilmin, Brüssel; **41l** *foto* Debi Treloar/Zuhause von Helle Høgsbro Krag in Kopenhagen, Eigentümerin von Crème de la Crème à la Edgar; **41r** *foto* Debi Treloar/Michael Levas Zuhause in Litchfield County, Connecticut; **42** *foto* Paul Massey/Blumen von Jane Packer, Location über www.jjlocations.co.uk; **43** *foto* Chris Tubbs/Philip und Catherine Moulds Haus in Oxfordshire; **44l** *foto* Claire Richardson/Location für Aufnahmen verfügbar über www.inspacelocations.com; **44r** *foto* Polly Wreford/Emma Greenhills Londoner Zuhause; **45l** *foto* Paul Massey/Hôtel Le Sénéchal, Ars en Ré, entworfen von Architekt Christophe Ducharme; **45r** *foto* Paul Massey/Charlotte Lynggaards Zuhause in Dänemark, Designerin bei Ole Lynggaard Copenhagen; **46** *foto* Polly Wreford/Francesca Mills Haus in London; **47l** *foto* Christopher Drake/Valentina Albinis Zuhause in Mailand; **47or** *foto* Polly Wreford/Sasha Waddells Zuhause, verfügbar über www.beachstudios.co.uk; **47ur** *foto* Debi Treloar/Zuhause von Anna Massee (von Het Grote Avontuur) in Amsterdam; **48o** *foto* Debi Treloar/John Derians Wohnung in New York; **48ul** *foto* Debi Treloar/Debi Treloars Zuhause in London; **48ur** *foto* Claire Richardson/Marianne Cotterills Haus in London; **49l** *foto* Debi Treloar/Gästehaus des Innenarchitekten und Künstlers Philippe Guilmin, Brüssel; **49r** *foto* Debi Treloar/Debi Treloars Zuhause in London; **50–51** *foto* Lisa Cohen/ Londoner Zuhause von Abigail Ahern, www.atelierabigailahern.com; **52–53** *foto* Debi Treloar/Christina und Allan Thaulows Zuhause in Dänemark; **53ol u. ur** *foto* Lisa Cohen/Zuhause der Innenarchitektin Marijke van Nunen; **53or** *foto* Sandra Lane/ Zuhause von Karen Nicol und Peter Clark in London; **54o** *foto* Lisa Cohen/Kate Formans Zuhause; **54u** *foto* Claire Richardson/Eifion und Amanda Griffiths (von Melin Tregwynt) Zuhause in Wales; **55ol** *foto* Debi Treloar/Location für Aufnahmen verfügbar über www.inspacelocations.com; **55or** *foto* Sandra Lane/Familienwohnsitz von Robert Elms und Christina Wilson in London; **55u** *foto* Lisa Cohen/Zuhause der Innenarchitektin Marijke van Nunen; **56o** *foto* Debi Treloar/Privathaus in Amsterdam, Eigentümerin Ank de la Plume; **56ul** *foto* Claire Richardson/Eifion und Amanda Griffiths (von Melin Tregwynt) Zuhause in Wales; **56–57u** *foto* Claire Richardson/Schwarz-weißes Porzellan von Missoni, Kissen und Tischdecke von Marimekko; **57ol u. ur** *foto* Lisa Cohen/Zuhause der Innenarchitektin Marijke van Nunen; **57or** *foto* Claire Richardson/Londoner Zuhause von Graham Noakes (von Osborne & Little); **58l** *foto* Lisa Cohen/Londoner Zuhause von Abigail Ahern, www.atelierabigailahern.com; **58or** *foto* Chris Tubbs/Raffaella Barkers Haus in Norfolk; **58ur** *foto* Chris Tubbs/Matthew und Miranda Edens Zuhause in Wiltshire; **59** *foto* Lisa Cohen/Zuhause der Designer Piet und Karin Boon bei Amsterdam, www.pietboon.nl; **60 u. 61ol** *foto* Lisa Cohen; **61or** *foto* Sandra Lane; **61u** *foto* Chris Tubbs/Geoff und Gilly Newberrys (von Bennison Fabrics) Zuhause in Norfolk; **62 u. 63** *foto* Lisa Cohen/Kate Formans Zuhause; **64o** *foto* Polly Wreford/Londoner Zuhause von Michael Bains und Catherine Woram; **64ul** *foto* Sandra Lane/Kissen von Charlotte Casadejus; **64ur** *foto* Polly Wreford/Zuhause von Lois Draegin und David Cohen auf Shelter Island; **65** *foto* Polly Wreford/Foster House auf www.beachstudios.co.uk; **66o** *foto* Davd Loftus; **66u** *foto* Polly Wreford/Sasha Waddells Zuhause, verfügbar über www.beachstudios.co.uk; **67ul** *foto* Paul Massey/Strandhaus der Bartons in West Sussex: www.thedodo.co.uk; **67om** *foto* Winfried Heinze; **67or** *foto* Polly Wreford/Sasha Waddells Zuhause, verfügbar über www.beachstudios.co.uk; **67ul** *foto* Christopher Drake/Florence und Pierre Pallardy, Domaine de la Baronnie, Saint-Martin de Ré; **67ur** *foto* Polly Wreford/Foster House auf www.beachstudios.co.uk; **68–69** *foto* Claire Richardson/Zuhause der Schriftstellerin Meredith Daneman in London; **70ol** *foto* Jan Baldwin/Wohnung des Kunsthändlersr Gul Coskun in London; **70ul** *foto* Lisa Cohen; **70ur** *foto* Debi Treloar/Zuhause von Netty Nauta in Amsterdam; **71ol** *foto* Chris Tubbs/Justin und Eliza Meath Bakers Haus in Südwestengland; **71ul** *foto* David Loftus; **71r** *foto* Paul Massey/Jan Constantine, www.janconstantine.com; **72 u. 73ol** *foto* Christopher Drake/Küche im Nordischen Stil; **73or** *foto* David Loftus; **73ul** *foto* Christopher Drake/Valentina Albinis Zuhause in Mailand; **73ur** *foto* Debi Treloar/Annelie Bruijns Zuhause in Amsterdam; **74** *foto* Catherine Gratwicke/Laura Stoddarts Wohnung in London; **75ol** ph Andrew Wood/Michael Asplunds Wohnung in Stockholm, Schweden; **75or** *foto* Claire Richardson/Zuhause von Fiona und Woody Woodhouse in Herefordshire; **75u u. 76l** *foto* Lisa Cohen/Zuhause der Designerin Nina Hartmann in Schweden, www.vintagebynina.com; **76r** *foto* Debi Treloar/Riad 'Chambres d'Amis' in Marrakesch (B&B), entworfen von Eigentümerin Ank de la Plume, gestaltet in Zusammenarbeit mit Household Hardware und Rutger Jan de Lange; **77ol** *foto* Polly Wreford/Londoner Zuhause von Michael Bains und Catherine Woram; **77or** *foto* Debi Treloar/Familienwohnsitz der Designerin Petra Boase in Norfolk; **77u** *foto* Catherine

Gratwicke/Loft des Künstlers Hunt Slonem in New York; **78ol** *foto* Catherine Gratwicke/Wohnung von Martin Barrell und Amanda Sellers, Eigentümer von Maisonette, London; **78or** *foto* Debi Treloar/Lucille und Richard Lewins Londoner Haus; **78ul** *foto* Polly Wreford/Charlotte-Anne Fidlers Zuhause in London; **78ur** *foto* Chris Tubbs/Simon und Antonia Johnsons Zuhause in Somerset; **79l** *foto* Polly Wreford/Foster House auf www.beachstudios.co.uk; **79r** *foto* Polly Wreford; **80l** *foto* Andrew Wood/Wohnung von Ristomatti Ratia in Helsinki, Finnland; **80or** *foto* Debi Treloar/Haus von Helle Høgsbro Krag in Kopenhagen, Eigentümerin des Crème de la Crème à la Edgar; **80u** *foto* Paul Massey/Zuhause von Michael Giannelli und Greg Shano in East Hampton; **81** *foto* Debi Treloar/Gästehaus des Innenarchitekten und Künstlers Philippe Guilmin, Brüssel; **82** *foto* Paul Massey/Zuhause von Michael Giannelli und Greg Shano in East Hampton; **83ol** *foto* Paul Massey/Jane Packers Zuhause in Suffolk; **83ul** *foto* Chris Tubbs/Diana Sieffs Zuhause in Devon; **83r** *foto* Lisa Cohen/Zuhause der Designerin Nina Hartmann in Schweden, www.vintagebynina.com; **84ol** *foto* Chris Tubbs; **84ml** *foto* Alan Williams/Louise Robbins Haus im Nordwesten von Herefordshire; **84ul** *foto* Debi Treloar/Gästehaus des Innenarchitekten und Künstlers Philippe Guilmin, Brüssel; **84r** *foto* Debi Treloar/Katrin Arens; **85** *foto* Chris Tubbs/Annabel Greys Cottage in Norfolk; **86–87** *foto* Debi Treloar/Lucille und Richard Lewins Londoner Haus; **88o** *foto* Chris Tubbs/Powers house, London; **88u** *foto* Chris Everard/Wohnung in Mailand, entworfen von Nicoletta Marazza; **88–89** *foto* Andrew Wood/Haus der Architektin Grethe Meyer, Hørsholm, Dänemark, erbaut von den Architekten Moldenhawer, Hammer und Frederiksen, 1963; **90** *foto* Polly Wreford/New Yorker Loft von Peri Wolfman und Charles Gold; **91ul** *foto* Chris Everard/Haus des Fotografen Guy Hills in London, entworfen von Joanna Rippon und Maria Speake (Retrouvius); **91or** *foto* Paul Massey/Jane Packers Zuhause in Suffolk; **91ur** *foto* Christopher Drake/Familienwohnsitz der Hills an der Côte d'Azur, Eigentümer von French Country Living; **92l** *foto* Lisa Cohen/Zuhause der Innenarchitektin Marijke van Nunen; **92r** *foto* Tom Leighton; **93ol** *foto* Polly Wreford/Foster House auf www.beachstudios.co.uk; **93or** *foto* Chris Tubbs/Powers house, London; **93ul** *foto* Debi Treloar/Design: Cecilia Proserpio; **93ur** *foto* Polly Wreford/New Yorker Loft von Peri Wolfman und Charles Gold; **94ol** *foto* Debi Treloar/Patty Collisters Zuhause in London, Eigentümerin von An Angel At My Table; **94ul** *foto* Polly Wreford/New Yorker Loft von Peri Wolfman und Charles Gold; **94ur** Polly Wreford/Foster House auf www.beachstudios.co.uk; **95l** *foto* Debi Treloar/Haus von Cristine Tholstrup Hermansen und Helge Drencke in Kopenhagen; **95r** *foto* Andrew Wood/Haus der Architektin Grethe Meyer, Hørsholm, Dänemark, erbaut von den Architekten Moldenhawer, Hammer und Frederiksen, 1963; **96ol** *foto* Debi Treloar/Londoner Zuhause von Louise Scott-Smith (von www.lovelylovely.co.uk); **96ul** *foto* Chris Everard/Apartment der Modedesignerin Catherine Malandrino in Manhattan; **96or** *foto* Debi Treloar/Privathaus in Amsterdam, Eigentümerin Ank de la Plume; **97** *foto* Claire Richardson/Graham Noakes (von Osborne & Little) Zuhause in London; **98–99** *foto* Polly Wreford/Kathy Brumls Zuhause in New Jersey; **100o** *foto* Debi Treloar/Annelie Bruijns Zuhause in Amsterdam; **100u** *foto* Debi Treloar/Nikki Tibbles Londoner Zuhause, Eigentümer von Wild at Heart – Flowers and Interiors; **101o** *foto* Debi Treloar/Mark und Sally Baileys Zuhause in Herefordshire; **101u** *foto* Christopher Drake/Fiona und Woody Woodhouses Holzhaus aus dem 16. Jahrhundert in Surrey, gestaltet von Bexon Woodhouse Creative; **102o u. ul** *foto* Polly Wreford/Foster House auf www.beachstudios.co.uk; **102ur** *foto* Claire Richardson/Marianne Cotterills Haus in London; **103** *foto* Claire Richardson/Eifion und Amanda Griffiths (von Melin Tregwynt) Haus in Wales; **104** *foto* Polly Wreford/Siobhán McKeatings Zuhause in London; **105o** *foto* Debi Treloar/Josephine Macrander, Raumgestalterin; **105ul** *foto* Debi Treloar/Clare und David Mannix-Andrews Haus, Hove, East Sussex; **105ur** *foto* Debi Treloar/Mark und Sally Baileys Zuhause in Herefordshire; **106o** *foto* Chris Tubbs/Powers house, London; **106u** *foto* Chris Tubbs/John Martin Robinsons Haus in Lancashire; **107** *foto* Sandra Lane/Harriet Scotts (von R.K. Alliston) Wohnung in London, Überwurf von Muskett and Muzzullo; **108** *foto* Polly Wreford/Francesca Mills Haus in London; **109ol** *foto* Debi Treloar/Londoner Wohnung, entworfen von James Soane und Christopher Ash (Project Orange); **109ul** *foto* Chris Everard/Yuen-Wei Chews Wohnung in London; **109r** *foto* Chris Everard/Zuhause von Davy Hezeman und Steven Pooters in Amsterdam; **110l** *foto* Lisa Cohen/Lars Wibergs (von Pour Quoi) Zuhause in Kopenhagen; **110–111** *foto* Chris Tubbs/Giorgio und Ilaria Mianis Podere Buon Riposo im Val d'Orcia (zu mieten); **112** *foto* Polly Wreford/Robert Levithan Residence, New York City; **113o** *foto* Winfried Heinze/Polly und Bellas Zimmer in Südlondon; **113u** *foto* Polly Wreford/Alex Knox; **114l** *foto* Chris Tubbs/Powers house, London; **114or** *foto* Catherine Gratwicke; **114u** *foto* Debi Treloar/Zuhause von Marcus Hewitt und Susan Hopper in Litchfield County, Connecticut; **115** *foto* Dan Duchars/Londoner Zuhause des Architekten Haifa Hammami; **116ol** *foto* Chris Everard/Haus in London, gestaltet von Helen Ellery (The Plot London); **116or** *foto* Jan Baldwin/Mark Smiths Zuhause in den Cotswolds; **116ul** *foto* Polly Wreford/Siobhán McKeatings Zuhause in London; **116ur** *foto* Christopher Drake/Antiquitätenhändler und Miteigentümer von Jamb Ltd – antike Kamineinfassungen; **117o** *foto* Debi Treloar/Sanne Hjermind und Claes Bech-Poulsen; **117u** *foto* Paul Massey/Charlotte Lynggaards Zuhause in Dänemark, Designerin bei Ole Lynggaard Copenhagen; **118ol** *foto* Andrew Wood/Eero Aarnios Haus in Veikkola, Finnland; **118or** *foto* Polly Wreford/Siobhán McKeatings Zuhause in London; **118u** *foto* Debi Treloar/Roeline Faber, Innenarchitektin; **119** *foto* Polly Wreford/Charlotte-Anne Fidlers Zuhause in London; **120ol** *foto* Christopher Drake/Valentina Albinis Zuhause in Mailand; **120or** *foto* Claire Richardson/Zuhause der Beraterin für Raumdesign Rachel van der Brug in Amsterdam; **120ul** *foto* Claire Richardson/Eifion und Amanda Griffiths (von Melin Tregwynt) Haus in Wales; **120ur** *foto* Debi Treloar/London Zuhause von Sam Robinson, Miteigentümer von The Cross und Cross the Road; **121l** *foto* Chris Tubbs/Familien-Wohnsitz von Julia und Michael Pruskin; **121r** *foto* Claire Richardson/Marianne Cotterills Haus in London; **122–123** *foto* Debi Treloar/Zuhause der Designerin Susanne Rützou in Kopenhagen; **124o** *foto* Claire Richardson/Londoner Stadthaus von Louise Laycock (Bennison); **124ul** *foto* Catherine Gratwicke; **124ur** *foto* Chris Tubbs/Annabel Greys Cottage in Norfolk; **125** *foto* Polly Wreford/Ben de Lisis Zuhause in London; **126** *foto* Debi Treloar/Mark und Sally Baileys Zuhause in Herefordshire; **127o** *foto* Debi Treloar/Pamela Falks Zuhause in Chestnut Hill; **127ul** *foto* Chris Tubbs/Elizabeth Baers Haus aus der frühen Georgianischen Zeit; **127ur** *foto* Chris Tubbs/Justin und Eliza Meath Bakers Haus in Südwestengland; **128** *foto* Lisa Cohen/Anna McDougalls Londoner Zuhause; **129o** *foto* Debi Treloar/Sanne Hjermind und Claes Bech-Poulsen; **129ul u. ur** *foto* Debi Treloar/Mark und Sally Baileys Zuhause in Herefordshire; **130o** *foto* Debi Treloar/John Derians Apartment in New York; **130ul** *foto* Polly Wreford/Robert Levithan Residence, New York City; **130ur** *foto* Christopher Drake/Mireille und Jean Claude Lothons Haus in Faverolles, Eigentümer von La Cour Beaudeval Antiquités; **131** *foto* Chris Tubbs/Elizabeth Baers frühgeorgianisches Haus; **132** *foto* Chris Tubbs/Annabel Greys Cottage in Norfolk; **133o** *foto* Paul Massey/Zuhause von Michael Giannelli und Greg Shano in East Hampton; **133ul** *foto* Catherine Gratwicke/Pariser Wohnung der Galeristin und Buchhändlerin Françoise de Nobèle; **133ur** *foto* Christopher Drake/Maurizio Epifanis Zuhause in Mailand; **134l** *foto* Debi Treloar/Zuhause von Joanne Cleasby, Hove; **134or** *foto* Debi Treloar/Annelie Bruijns Zuhause in Amsterdam; **134ur** *foto* Debi Treloar/Mark und Sally Baileys Zuhause in Herefordshire; **135** *foto* Christopher Drake/Londoner Zuhause der Textildesignerin Neisha Crosland; **136–137** *foto* Chris Tubbs/Annabel Greys Cottage in Norfolk; **138o** *foto* Claire Richardson/Fiona und Woody Woodhouses Zuhause in Herefordshire; **138u** *foto* Claire Richardson; **138–139** *foto* Chris Tubbs; **140** *foto* Claire Richardson/www.chambresprovence.com; **141o** *foto* Chris Everard/Zuhause des Innenarchitekten Matthew Patrick Smyth in Manhattan; **141u** *foto* Christopher Drake/Zuhause von William Yeoward and Colin Orchard in London; **142l** *foto* Claire Richardson/Zuhause von Charmaine und Paul Jack – Belvezet, Frankreich; **142r** *foto* Paul Massey/Boutique Côté Jardin; **143** *foto* Paul Massey/Jan Constantine – www.janconstantine.com; **144** *foto* Polly Wreford/Hilary Robertson und Alistair McGowan, Hastings; **145ul** *foto* Catherine Gratwicke/Haus der Innenarchitektin Sue West in Gloucestershire; **145or** *foto* Chris Tubbs/Gabriella Cantaluppi Abbados Zuhause in Monticchiello; **145u** *foto* Debi Treloar/Londoner Zuhause von Martin Barrell und Amanda Sellers in London, Eigentümer von Maisonette; **146** *foto* Debi Treloar/www.juliaclancey.com; **147ol** *foto* Debi Treloar/Mark und Sally Baileys Zuhause in Herefordshire; **147or** *foto* Winfried Heinze/Stellas Zimmer in New York City; **147u** *foto* Debi Treloar/www.juliaclancey.com; **148o** *foto* Paul Massey/Jane Packers Zuhause in Suffolk; **148u** *foto* Chris Tubbs/Diana Sieffs Zuhause in Devon; **149ol** *foto* Paul Ryan/Nils Tunebjers Zuhause in Schweden; **149ml** *foto* Polly Wreford/Harriet Maxwell Macdonalds Zuhause in London; **149ul** *foto* Polly Wreford/Londoner Zuhause von Michael Bains und Catherine Woram; **149or** *foto* Polly Wreford/Foster House auf www.beachstudios.co.uk; **149ur** *foto* Paul Massey/Strandhaus der Bartons in West Sussex: www.thedodo.co.uk; **150** *foto* Paul Massey; **151ol** *foto* Paul Massey/Boutique Côté Jardin; **151or** *foto* Paul Massey/Hotel Tresanton, St Mawes, Cornwall, gestaltet von der Eigentümerin Olga Polizzi; **151ur** *foto* Caroline Arber/Caroline Zoob; **152o** *foto* Christopher Drake/Maurizio Epifanis Zuhause in Mailand; **152ul** *foto* Winfried Heinze/Josephine Ryans Haus in London; **152ur** *foto* Winfried Heinze/Familienhaus in Brighton; **153** *foto* Chris Tubbs/Justin und Eliza Meath Bakers Haus in Südwestengland; **160** *foto* Polly Wreford/Foster House auf www.beachstudios.co.uk.

Danksagung

Ein Buch zu schreiben ist keine einfache Angelegenheit. Doch mit einem hervorragenden, begeisterten Team zur Seite, das dafür sorgt, dass alles wie am Schnürchen läuft, ist alles sehr viel leichter. An dieser Stelle deshalb ein herzliches Dankeschön an Alison Starling, Leslie Harrington, Clara Double und Toni Kay – und ganz besonders an Emily Westlake, welcher ich die Idee zu dem vorliegenden Buch zu verdanken habe!